蔡康永的情商课

为你自己活一次

蔡康永 著

湖南文艺出版社
HUNAN LITERATURE AND ART PUBLISHING HOUSE

博集天卷
CS·BOOKY

我希望你常常跟自己抬杠，
常常跟世界抬杠，
死命抬杠之后的明白，
才是真的明白。

每个人都是为自己活的。

只是有的人做到了，有的人没做到。

没做到的人，当然不是不想做到，而是因为老被别人误导，结果就很可惜，一直没有真心地对自己。

既没有真心地认识自己，也没有真心地爱护自己。

就像每个人都想吃到真的黑松露，但如果随便地听信人言，应该就会不断吃到似乎是又似乎不是黑松露的东西，然后对黑松露感到失望。

对人生失望以后，本来想就这么混下去吧。但这样混下去会越混越不知道自己是谁，也弄不清自己想要过什么样的生活，接下来的人生，也就根本谈不上自由自在地做自己了。

觉得这样很可惜的话，就对自己好一点，真心地对待自己一次吧。

别人不会故意误导我们，别人没那么闲。

别人只是把他们也相信的事，不断地告诉我们，我们听从了，很少鼓起勇气面对：那真的是我们想要的生活吗？

红灯停止绿灯走，这是我们都要听从的，因为只有这样，我们才能安全顺利地在马路上通行。

但我们的内心不是马路，在我们内心通行的，只有我们自己。我们该为自己建立内心的交通规则，我们要认得出我们的红灯与绿灯。

哪些是别人很相信、很认真地告诉我们，却误导了我们的事？

举一些例子：

"祝你天天快乐。"这等于抓了一把糖果塞满你的嘴，祝你每天就吃这个，说这就是天下最美味的食物。

"别老是讲死呀死的，干吗这么悲观！"难道有任何活过的东西是不死的吗？难道不讲死就不会死吗？死亡这么重要又一定会遇到的事，不认真地放在贴身的口袋，反而塞进一个叫作"悲观"的抽屉，假装没有这个东西？

"又考第一名，真乖！"很常听到，可惜也很混淆人心。一个班那么多人，只有一个第一名，那第二名到最后一名好歹也该各搭配一句称赞的话吧？而且，用"乖"做标准，来称赞小孩，难免会让小孩以为"听话"是一项重要的成就吧?

有人大概觉得我是故意在抬杠。

我是在抬杠。我们都应该练习这样抬杠～把莫名其妙就压在我们身上的各种杠,抬起来移走。

我希望你常常跟自己抬杠,常常跟世界抬杠。死命抬杠之后的明白,才是真的明白。

糊涂不值得追求,豁达才值得追求,而豁达可不等于糊涂。心里糊涂的人,不明白,豁达不了,内心也不会强大。

别人为什么会跟我们抬杠? 因为对方觉得我们糊涂,想唤醒我们,才跟我们抬杠。(当然,也有人就是为了抬杠而抬杠的,那些是不在意自己目标、随便挥霍心力的人,等他们明白了,就不会这样了。)

让自己尽可能变成一个明白的人,是非常过瘾,也非常值得的事。不管是透过抬杠、透过看书(看书常常就是邀请作者跟自己抬杠)、透过闭关思考、透过生活的小打小闹或大起大落都可以,只要能够变得明白,只要能够这一秒比上一秒明白、今天比昨天明白,就都是过瘾又值得的事。

有些人以为"讨人喜欢"是情商很高的境界。

很遗憾，如果讨人喜欢，却失去自己，那是情商最糟的状况。

失去自己，不管情不情商，就是最糟的状况。

情商的出发与归宿，都必须是自己，不然情商就没有意义。

舒服地做自己，是追求情商的最重要原因。

就算是打定了主意，要用尽一生去服务别人的圣人们，他们能够这么笃定地如此度过一生，也正是因为他们找到了自己要的生活，他们平心静气——而不是觉得全世界都欠他们的——舒服地做自己。

我相信的情商，很朴素，也很实际。

我幸运地得到认知心理学的一些著作启发，让我有机会想出舒服做自己、舒缓建立情商的三个原则。这些想法给了我很多力量，我希望也能给你力量。

第一个原则，就是"明白"，不再人云亦云，不再让自己的心屈服地被捏在别人手中的那种"明白"。

这本书想讲的，就是这个很珍贵的"明白"。如果有机会再写下去，我会努力讲好另外两个原则："刚刚好"与"慢慢来"。

这不是一本教我们快乐的书。在我向往的生活里，快乐没那么重要，快乐很讨喜，但快乐不及平静重要。

我对快乐，当然喜欢，但我希望是"明白且恰当"的喜欢。我对悲伤，当然不喜欢，但我也希望是"明白且恰当"的不喜欢。

前面一开始抬杠时所讲的那些"讲死""考第一名"，我都希望我能"明白且恰当"地看待，不要抹黑，也不要抹白。

我自己还在练习，差得还远，但这就是一部分令我有兴趣活下去的动力，不是缺憾。我乐于逐渐地、一步一步地"慢慢来"。

写这样一本书，就是我"一步一步、慢慢来"其中的一步。

你也会迈出你的第一步，乃至更多步。你大有可能比我先抵达。我在这方面根本不是什么有慧根的人，每一步都费劲。

费劲，可是值得。

一步一步地慢慢来，有一天就能做到"刚刚好"。

而这些，都必须从"明白"开始。

明白自己，一步一步慢慢来地做自己，为我们自己活一次。

因为我不确定我们到底可以活几次，很有可能就这么一次，所谓二鸟在林，不如一鸟在手。在林子里的鸟再多，也比不上已经抓在我们手里的这只鸟。黑鸟也好，白鸟也好，胖鸟也好，瘦鸟也好，让我们为自己尽情自在地活一次吧。

蔡康永的情商课

为你自己活一次

目 录
Contents

PART

1

我们要互相依靠，而不是互相控制

1. 你全身都贴满了"应该"的标签吗? ／ 002

2. 面对自己的"感觉"，好像很害羞又很没面子? ／ 012

3. 独处，一点都不孤单，还很有趣 ／ 019

4. 当局者迷时，要祭出分身大法 ／ 028

5. 让分身问你"为什么"，事情会变得不一样 ／ 037

6. 称职的分身，不会让你相抱取暖 ／ 044

PART
2

"自己"很抽象，却也如此扎实与重要

7. 对自己诚实，不然就等别人来唬你／050

8. 你是河，情绪是分秒流经你的水滴／058

9. 学校没教的入门知识，我们来自修／066

10. 表达情绪不是在展示权力／072

11. 快要失控前，拖时间冷却一下／080

目 录
Contents

PART
3
"负面"情绪，跟你想的不一样

12. "负面"情绪，就像戏里的反派角色／088

13. 拒绝所有负面情绪的人，

连吃火锅都只能吃到甜味／093

14. "负面"，你可以不理会它，

它可不会不理你！／101

15. 与对错无关，与对你有什么意义很有关／108

16. 放下评断，领受人生这个礼物吧／114

17. 悲伤会强迫成长，失去会带来启发／119

18. 少问"为什么"，问"怎么办"／127

19. 处理伤心事，要向战争片或动作片学习／138

PART 4

负面字眼，其实蕴藏蓬勃生机

20. 别给情绪乱贴红黑标签／ 144

21. 用冰冻力，冻结熊熊怒火／ 149

22. 自卑，是来自脑中"理想的我"／ 160

23. 有助于"享受生命"的情绪，都很珍贵／ 170

24. 你有很多个面相，保证你自己也不知道／ 176

25. 后悔，驱使你活出更好的人生／ 183

26. 召唤力量、驱赶"空虚"的神奇咒语／ 190

27. 离开同温层，多交专门唱反调的朋友／ 205

目 录
Contents

PART
5
让山是山，让我们是自己

28. 没有"完美的幸福"，只有"我的幸福"／ 212

29. 生命，要用在自己真正在乎的事上／ 218

30. 醒醒吧，别再用阿 Q 精神胜利法逃避现实／ 227

31. 尽了人事之后，才听天命／ 235

32. 把他人的否定切成小块，不要全盘接受／ 242

33. 获得幸福的机会，人人平等／ 247

34. 追剧，竟然可以同时训练情商／ 254

35. "你变了"？恭喜恭喜！／ 259

36. 别学愚公移山，只要移动念头即可／ 265

康永的致谢／ 272

蔡康永的情商课

为你自己活一次

PART 1

我们要互相依靠，而不是互相控制

辨识情绪都从哪里来的？
它们来做什么？
它们来了以后，我该怎么办？要把它们各自安放回去时，该放回哪里？
这就是我建议的情商。

当这些小标签、小字条，变得跟杂志一样大，跟盾牌一样大，甚至跟商店招牌一样大，那我们就不自由了。

你要做自己，就要让你自己比这些标签、字条都重要，让它们只是点缀在你身上，而不是拖垮你、遮蔽你。

想象你现在穿得好看，风和日丽，你走在干净开阔的路上，感觉着和煦的天光与微风，你喜欢这个天气、这条道路，你喜欢此时的自己。

路边有本来表情呆滞的人，看了你自在的样子，他们也稍微有了一丝微笑。

没有人会否认，这是幸福，是众多幸福之中，很棒也很容易得到的一种。

这种幸福里面，有别人，也有自己。

看到你走过的人，如果再看仔细一点，会看到你浑身上下，有不少小标签、小贴纸，随着微风摆动着。

有的小标签，是用很随便的字迹写的，也很随便地用根丝线拴在你的衣摆上，一扯就会掉落；也有的小标签很隆重，是黄金打造的小牌子，上面的字是用刻的，这样的小金牌用金链子挂在你的手腕或颈子上；其他各式各样的小布条、小字条，上面也都有各种字样，有的用粗绳绑在你的脚踝，有的只靠纸头本身的黏胶，勉强贴在你背上，随时会被风吹跑。

这些小标签、小牌子上面，写的是什么？

字迹潦草的字条上面，写的大概是你随便应付着做过的某个临时工作；至于小金牌上刻的，可能是你非常珍视的某个身份："某某名校的榜首"或是"某某旺族的后裔"。另外那些小布条、小卡片上，则写着你的各种信仰、各种价值观，有些可能是随便听来的，比如"永远不再跟双鱼座交往"；有些是认真想要相信的，比如"钱就是一切"或"要么就瘦，要么就死"。还有些内容极琐碎，就算被风吹掉，你也不会在乎的，像"咸粽子才是粽子，甜粽子算什么粽子"或"修照片要把脸修小没关系，但好歹别把背后的柱子都修歪了"之类你勉强算是有点意见但并不真在意的小原则。

这些小标签、小字条在微风中微微飘动着，有些令你身姿更优雅，有些显得你华丽或霸气，有些搞得你凌乱，有些很累赘，有些跟你整个人一点都不搭，有些在你身后留下一地纸屑垃圾。

但不管怎样，这些小标签、小字条，没有妨碍你的行动，没有遮挡你的五官，也没有阻止你感受风景与天气。

也就是说，你还算是自由的。

什么时候，我们会变得不再自由呢？

当这些小标签、小字条，变得跟杂志一样大，跟盾牌一样大，甚至跟商店招牌一样大，那我们就不自由了。

我们会行动受限、视野受限、感受不到风景与天气，整个人被这些标签与字条给困住。

你一定觉得我太夸张了。谁身上没有那么几十个或几百个标签、字条跟着呢？哪会严重到令我们不自由？

嗯，即使是最琐碎的字条，只要粘在你身上，不必变太大，只要变成扑克牌那么大，就会妨碍你了。字条卡片上那些大大小小我们觉得"理当如此"的事……"粽子理当是咸的。""修照片理当知所节制，别把背后柱子也修歪了。""我家孩子既然是我生的，考试必须前十名。""要娶我家女儿，聘金起码超过一百万。""我这篇文字起码该得到两百个赞。""今天我赶时间，交通应该要顺畅，如果塞车，就是有人跟我作对。""我既然买了这三只股票，这三只股票就该连涨一周。"……

如果照我这样列下去，我们每个人身上绝对不止几百个小标签，这些"理当如此"，每秒都会生出新的小字条、小标签，附着上我们的身子。这秒有几张脱落了，下一秒又会有更多补上。

它们会像鳞片，覆盖我们全身乃至眼耳。我们可以仗着这一身鳞甲，到处去指手画脚，"这个不对""那个太差"，做出各种评价、各种判断，但没有察觉我们已经渐渐把世界、风景、天气、别人，都隔绝在外。

而别人也看不到我们的面貌，别人看到的是密密麻麻的标签、字条所形成的一副密不透风的鳞甲。

我们的生活，需要互相依靠：卫生、交通、娱乐、商业，都需要互相依靠，彼此交换情感、能力与资源。但在依靠与交换的时候，我们并不需要用我们的各种原则去掐住彼此的脖子。我们可以不用控制人，或被别人控制。我们不用拿自己身上这些字条，去粘在别人的脸上。

当我们觉得每件事都有个"应该"的样子，而这些事却都不对，都不合我们期望的时候，我们就唤来了许多"应战"的情绪：嫉妒、愤怒、自卑、猜忌……都来了。

我们调出了各种对付敌人的情绪，但其实并没有敌人出现，可是因为我们身上粘贴的那些原则，带领着我们到处树敌、到处去评断与我们无关的事、到处去宣示那些"理当如此",于是,只要对方不听话,只要生活不听话,只要世界不听话,我们就觉得"有人跟我们作对"。

然而,因为这些我们以为的敌人,根本不是敌人,当然也就无敌可退。我们莫名其妙唤出场的这些应战的情绪,卡在台上,怎么退场?

我们赶时间,遇上塞车,于是感觉交通跟我们作对,"交通"就是此刻的敌人,我们唤出了焦虑、唤出了生气、唤出了怨气,然后呢?"交通"这个敌人要怎么打退?要怎样才能跟"交通"讨回一个公道?

我们宣布:我家的孩子,考试要前十名,聘金要一百万……凭什么?我们任性唤出来的自尊、期待,鲁莽上场,呆立原地。

我们宣布:粽子必须是咸的,那么天下这许多卖甜粽子的店、吃甜粽子的人,我们是要关了他们的店呢,还是缝了他们的嘴?这些随便出场、无从收拾的情绪,除了堵在我们自己的胸口,还能去哪里?

不知从哪里来的情绪,就一定不知往哪里去;不知为什么而来的情绪,就一定不知要拿什么去消化。

这些没完没了的"应该",都是哪里来的?

如果这些"理所当然"大多未经检验，来路不明，为什么还把它们理直气壮地贴满了全身上下，当成我们的标签，甚至我们的鳞甲？

你是你父母的孩子，这个标签对很多人来说，一定很珍贵，值得以黄金打造、郑重铭刻，挂在颈上。可是如果这个标签被你父母或是你自己看得太重，导致这枚金牌大如门板，挂在颈上，你就是死命地拖，也拖不动一厘米。它成了枷锁，而不是标签。

你要做自己，就要让你自己比这些标签、字条都重要，让它们只是点缀在你身上，而不是拖垮你、遮蔽你，你珍视的少数几个标签，值得好好打造，随身珍藏，偶尔展示。剩下那么多别人随手塞给你的、无助于你做自己的标签、字条，就放松地看待，恰当地对待，粘上就粘上，掉了就掉了，别用它们来评断别人，评断自己，乃至困住自己。

如果真心相信"钱是一切"，那就认真研究它有没有道理，研究之后觉得有道理，那就认真研究金钱跟自己要建立什么样的关系，是要靠它创业，还是要靠它求偶或繁殖？然后把这想法设为目标，一步一步去靠近。

这是你专注研究之后，想要做的"自己"，你经得起内心的自问自答，内心因而强大，你想要的生活，就会在眼前浮现。

如果只是人云亦云地相信"钱是一切"，然后还要分散心思去管尽天下的其他琐事，骂交通、骂天气、骂明星、骂别人修图修太多、骂别人不懂粽子的好坏，那怎么可能还有余力弄清楚我们要做的"自己"，到底是什么样的自己？

我的工作，使我常常接触演艺界的明星。明星当然是依据大众的评断而存在的一种身份。但在这么多的明星里，有些人能够"明白"自己想要的生活，以"恰当"的程度，去接收大众的评价，然后"一步一步"地靠近自己的目标。这些明星未必是最红、最受欢迎的，但可能是明星之中，内心比较宁静平衡的。

做情绪和感觉的主人，而不要被情绪和感觉牵着鼻子走，这不是空话，这可以一步一步做到。

辨识情绪都从哪里来？它们来做什么？它们来了以后，我该怎么办？要把它们各自安放回去时，该放回哪里？这就是我建议的情商。

培养情商不是为了做生意，也不是为了受欢迎，那些都只是顺便跟着来的东西。

情商的唯一价值，也是它比智商重要的唯一原因，是探寻情商的过程，就是探寻自己的过程。所谓的"心"，虽然抽象，但真的存在，而且就是我们赖以度过一生的依据。

智商不是智慧，智商有可能使拥有者更焦虑、更辛苦，而不一定能得到自由与幸福。智商没办法处理"心"的事情，智慧才可以。而智慧的基础，是"明白"。

世界充满了与我们无关的事，但"心"的每件事，都与我们有关。

世界永远不会属于我们，但"心"永远属于我们。

世界的强大，可能更令我们感受不到自己，但"心"的强大，就是我们的强大。

我们有"心"，这是很大的礼物。越大的礼物，越要好好享用啊。

情商就是帮助我们认识这份礼物、打开这份礼物、享用这份礼物的钥匙。

生命没办法给我们更大的礼物了。

我们不喜欢承认我们有感觉。我们吃面时会说"好烫"，吹了风会说"好冷"，但就这样了。

我们爱或恨某些人，往往一辈子不说；我们寂寞或痛苦时，习惯忍住说"我没事"。

我们忽略自己、背对自己，却同时缘木求鱼地想要做自己。

2.
面对自己的"感觉"，好像很害羞又很没面子？

之前有位老板，创办了一个"无人商店"。当时"无人商店"还很罕见，引起了不少报道。有位记者依照惯例，在街上拦住了一位大妈，问她对无人商店的感想。

"无人商店？商店都没有人？那店不就要倒闭了？"大妈说。

"这位大妈，是没有请在店里工作的人，不是没有客人。"

"没有请工作的人？那这个店省了好多成本啊，东西比一般的店便宜很多吗？"

"这个……不是这家店的重点啊，大妈……重点是，这是一个新的改变啊。"

"这世上改变可多了，一有什么改变，我就要有感想，那我太忙了，感想不过来啊。"大妈说。

"这么大的改变，您还没有感想？"记者说。

"再大的改变，如果不是让我们变幸福，我就没有感想。再小的改变，如果是让我们变幸福，那我当然就既有感，又会想了。"

是啊，这世上每秒都有改变，大部分不会令我们更幸福，也不劳驾我们有感想。

倒是有一种小改变，如果发生了，虽不会有记者来报道，也没办法发行股票上市，但跟那些世上值得报道的大改变不一样。这个小改变，是会令你幸福的改变。

我在节目中访过许多圣贤豪杰、贤愚不肖，大家各有愿望，唯有一事相通——大家都想做自己。

包括正在看这本书的你。

"长恨此身非我有"，那是我们最大的痛苦。

此身，如果能够是"我有"，就好了。

但"我"是谁？

我，就是我所有的感觉吧。

不少科幻故事都讲过这样的案例，如果你保有身体，但体内装的是别人的心灵、别人的思绪感觉与记忆，那你就不算存在了。相反，如果你的感觉与思绪，被保存在饭锅里，再用一堆液体和线路，让感觉与思路继续活跃，你就会相信自己仍然存在（只是没办法亲口咀嚼炸鸡，另外还要防止你妈顺手按下饭锅开关把你炖成脑花粥）。

哲学家休谟（Hume）聊过这件事。所有的感觉来来去去，永无休止，当这些感觉像各色丝线被束成了一簇，那一簇感觉，就是那一秒我们能够感知的"自己"。（情绪的"绪"字，就是丝线啊。）等到了下一秒，这一簇感觉里的成分，有了些变化，我们还是能够感知当下的"自己"，只是跟上一秒的那个自己，不太一样了。

然而情绪与感觉这样的变化，太乱又太快，脑子赶不上心，来不及追踪辨认，只会觉得思潮起伏，思绪纷乱。

所以我们才会一方面很确定有这么一个"自己"，一方面又常常觉得"自己"怎么老是变来变去，还常常自相矛盾，一下好想恋爱，一下又好想一个人过，一下想成功赚大钱，一下又想偷懒当废物。

我有位朋友，是个喜欢研究佛学的明星，他告诉我：佛经讲我们人类存在的基础，叫作"五蕴"。

五蕴是这五个：色、受、想、行、识。

"蕴"是什么意思？"蕴"刚好很像休谟说的"簇"。累积与聚合，叫作"蕴"。

会积就会减，会聚就会散。

“我”是谁？

如果我们认真想“做自己”，我们首先要真心地面对这件事，就是“我们的感觉”。

所以，"我"是每秒都在变动的，因为感觉是每秒都在变动的，此起彼落，生灭聚散。（善哉善哉，幸好这位明星不是唐僧，不能用紧箍咒拴住我，他每次讲到兴起，我就赶紧跳起来说："为您准备了红酒，还没开，我这就去打开，让酒可以醒一醒。"然后我就开溜去开酒，让酒醒一醒，也让我自己醒一醒。）

如果我们认真想"做自己"，我们首先要真心地面对这件事，就是"我们的感觉"。

要真心面对自己的感觉，对很多人来讲，好像会害羞。因为其实我们不喜欢承认我们有感觉。承认自己"有感觉"似乎很脆弱，有点没面子。我们吃面时会说"好烫"，吹了风会说"好冷"，但就这样了。我们爱或恨某些人，往往一辈子不说；我们寂寞或痛苦时，习惯忍住说"我没事"。我们人云亦云地推崇乐观，根本不管硬撑的乐观要付出什么代价；我们也盲从地逃避悲伤，根本不管悲伤在关键时刻有多么重要的作用。我们常常瞧不起自己，又常常对自己生气。我们什么都想要，可是一旦要到了，又立刻觉得不够。

这样的我们，对自己的各种感觉，习惯不观察、不面对、不拿捏、不安置。我们忽略自己、背对自己，却同时缘木求鱼地想要做自己，这如同一边吃消夜，一边把体重计一脚踹到角落去再丢块毛巾盖住，却幻想着人鱼线与马甲线。

如果我们开始学着面对我们的感觉，进而能够恰当地拿捏我们的感觉，我们的内心一定会开始一步接一步地改变。

这样的改变，新闻无从报道，路人不会围观，但之前被记者拦住的那位大妈，应该会竖起大拇指说：这改变才叫了不起，因为改着改着，会就此变幸福啊。

我们的心灵，不是通道，任由各种信息与感觉穿过来又穿过去。

关上门，空间才会出现。

这是要安放重要记忆与感情的地方。

3.
独处，一点都不孤单，还很有趣

有次去东京找一家店要买球鞋，花了不少时间找路，等我找到这家店时，店刚好不巧已经到了打烊时间，我当然不死心，上前询问正在关店的店员。我不通日文，只好用英文问。

"今天已经关门了吗？"

店员苦笑地用手比了个叉叉，她的英文不太灵，回答很生硬。

"今天关门了。"店员用英文说。

"那么，明天呢？"我问。

店员又比出叉叉的手势。

"明天，关更多。"她说。

我愣了一下，推测她想讲的意思是："明天，也关店。"只是她把"也"的英文，跟"更多"的英文弄混了。

这是个有趣的文法错误，使我一直记得"明天，关更多"这个说法，觉得耐人寻味。

门呢，要不就开着，要不就关上，关上以后，还可以"关更多"吗？

我有个朋友，是个明星。虽然漂亮，但很烦人，吐不完的苦水，所以她约我吃饭，我都是能免则免。某天，她传信息来。

"今天一起吃饭吧，好久没聊天了。"

"今天关门了。"我回。

"那么，明天吧？"

"明天，关更多。"我回。

"什么叫'明天关更多'？你也太不把女明星当回事了。"

"你也不该把明星当回事。真正野生鲟鱼的鱼子酱很难得，但野生鲟鱼也没把自己当回事。"我回。

"啧。我就想找你陪我骂几个烂人啊！"

依据情商的原则，我不应该把爱吐苦水的人，称为"负面的人"，这种说法等于根本地否定一个人。应该说成：这人并不负面，只是常用负面的态度，看待别人与自己。（有点啰唆，但这就是跟自己抬杠的精神啊。）

但不管我用什么说法，我就是提不起劲陪她骂人。倒不是我不爱骂人，而是她的骂法重复没创意。她很喜欢泡在自己的苦水里，仿佛苦水是她的热水澡。

我以前以为心理医生在医治忧郁症时，是把忧郁给拔除，再把患者用正面力量给武装起来。这是一个误会。

心理学家赫什菲尔德（Hal Hershfield）与阿德勒（Jonathan Adler）一起调查了四十七位忧郁症患者接受心理治疗的过程，他们很意外地发现，这些患者并没有减少忧郁，只是变得能够面对自己的忧郁。也就是说，本来丧失胃口与味觉的人，渐渐尝得出苦与甜，而不是被弄成只尝得出甜，却尝不出苦。

培养情商时，怎么面对各种负面情绪，会写在这本书的其他地方。这里我想先跟你一起试试，要开始面对自己的感觉的第一步：练习关门。

我们常听人劝别人："你要把心打开。"却从来没听过有人劝别人："你要把心关上。"

这不合理，门要是随便打开，岂不是什么乱七八糟的东西都可以跑进来？

别忘了有时要选择把内心的门关上，这是一种能力，说穿了，就

我们常听人劝别人："你要把心打开。"
却从来没听过有人劝别人："你要把心关上。"

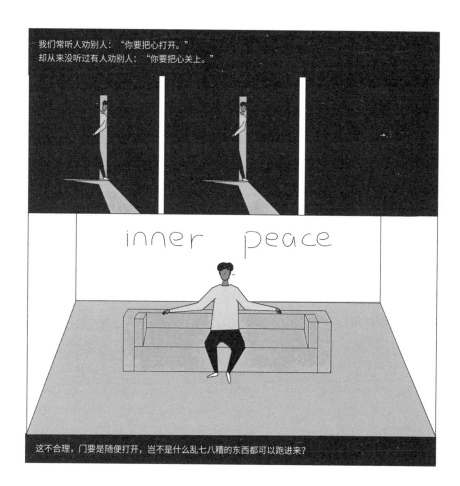

inner peace

这不合理，门要是随便打开，岂不是什么乱七八糟的东西都可以跑进来？

是跟自己相处的能力。

如果有门，却只开不关，那要门做什么？直接挖一个洞就好了。

我们的心灵，不是通道，任由各种信息与感觉穿过来又穿过去。关上门，空间才会出现。这是要安放重要记忆与感情的地方。

独处的能力，是使我们与别人不一样的关键能力。

跟别人相处时，别人会带来各种随机的刺激，迫使我们用各种情绪去反应。不管是在咖啡厅听到播放的音乐或隔壁桌客人的聊天，还是在马路上逛或网络上逛得游目四顾，我们的情绪都会有反应。当我们开着门，就任由各种杂乱的事，来占用我们的注意力，耗费我们的情绪反应。

或许就有人喜欢被包围在这些杂讯里，因为这样就不必去辨识自身的情绪，不必面对自己。像张爱玲在《封锁》这篇小说里的描述：交通被封锁的电车乘客们，手上有报的看报，没报的看名片、看招牌，以免脑子会活动起来。

如果害怕脑子会动起来，却竟然还幻想要做自己的人，那很可惜这本书不是为你写的，你应该去找教人制作木乃伊的教室报名。因为你要做的，不是活生生的自己，而是一个幻想中的自己的标本。

　　跟自己相处，并不孤单。反而是跟无聊的人勉强鬼混，才容易感觉孤单。独处不是要我们面壁打坐，我们可以挑选自己感到好奇的书或电影，当成我们跟自己相处的催化剂，类似"举杯邀明月，对影成三人"里面的"明月"吧。

　　为什么一本好书、一部好电影，常被称赞"启迪人心"？因为当我们心灵贫乏，没办法自行产生能量时，藏在书里、电影里那颗丰富的心灵，会不断催化我们，对生命诞生想象。

　　很多人都说过这些话："我其实搞不懂我自己。""不要说别人不了解我，连我都不了解我自己。"

　　这话听起来是烦恼，但其实是乐趣。我们相处最久的人，一定是自己。如果我们一出生就附着操作手册、易拆易懂如吸尘器或果汁机，会是何等无聊？

　　网络上有很多题目有趣的心理小测验："走进古堡，桌上有盆花，你看到的是什么花？""进了空的电梯，你会站在哪个位置？""在森林遇到一只动物，是什么动物？"不少人会顺手做一做这些小测验，看看准不准。有时还真被说中一点，就顺水推舟地心中小小一惊——"原来我是这种人""原来我有这一面呀"。

人最有兴趣，又最没把握的，就是自己。

我们对自己有最多的要求，也同时有最多的猜疑。

而独处，是我们好好跟自己相处的唯一机会，借由所看、所读、所想、所问，一步一步地明白自己。

现在就来想想，你要"举杯邀明月，对影成三人"的话，你想邀的，是来自哪个人生角落的哪个人物呢？最好选一个人物，是你觉得跟你某方面有点像，或是这人竟然做了某些你很想做但还没做的事。你想到了谁吗？某位侠客？某个运动员？某个很宅的巫师？还是某个八面玲珑的妈妈桑？

把这个人物邀来，在你与你自己相处时，可以聊这个人物哪些地方跟你很像，或是这人做了什么事，是你想做还没做的，为什么对方做了，你却还没做呢？就当作聊八卦吧，聊你自己跟那个人的八卦。当成功课就容易疲倦，用聊八卦的心情，反而比较起劲。

对了，除了对照那个人物，来探索你自己之外，你应该还会注意到，为什么故事里的人物，比我们这些现实世界的人，效率高那么多，言出即行、说做就做？原因很简单：第一，他们比我们专注，他们背后的编剧，不会让他们没事就看手机、费神评断天下大小所有事。

第二，他们存在的时间，比我们短很多，一部电影大概九十分钟，就算《哈利·波特》连拍八部，也就存在不超过二十个小时，所以他们必须高效率地说做就做，然而，比起他们来，我们存在的时间，难道就是无限的吗？

当你对现在选的方向很不确定时，派你的分身去看看三年后的你，在过的是什么样的生活，用那个来校准你现在的方向。

4.
当局者迷时，要祭出分身大法

有些朋友是对方找我，我只想躲的。当然也有些朋友，是我找对方，对方却懒得理我的。

　　有位朋友，依照本书惯例，是个明星，而且是仙女系的明星。她每次拒绝我的说辞，都别出心裁。

　　"明天出来吃饭吧。"我约她。

　　"我好高兴你约我啊！但是，明天是我闭关的独处之日。不好意思了。"

　　竟然用独处为理由来拒绝我。

　　"我怀疑你的独处，只是把自己关在家里鬼混而已，根本没有什么成果。"我说。

　　"独处要什么成果？"

　　"分身啊，独处要培养出一个分身吧。不然，我们明天各自闭关，然后来约后天见面，聊聊彼此的分身各是什么样子吧。"

"什么分身？我又不是火影忍者，哪有什么分身啊？！"

"你明天闭关独处的时候找找看，你那么聪明，一下就找到了。"
我回她。

关于"分身"，我一直抱有幻想。

小时候看《封神演义》，看到那么了不起的神仙们，起了争执竟然不拼智慧、不拼修为，而是卷袖子动拳脚，当时虽然觉得这样斗殴未免也太街头，但还是看得眉飞色舞。看到老子大战通天教主那仗，老子使出一气化三清，一个人分成了三个道人，围殴通天教主。老子的这三个分身竟还长得都不一样，令通天教主边挨揍边纳闷什么时候江湖上蹦出来这么三个高手，以他的资历竟然一个也没见过。

后来在文学或漫画中，分身就越见越多，我最喜欢的小说家之一埃梅（Marcel Aymé）有个短篇，讲一个很一般的女生，因为日常生活越来越忙，默默地变出越来越多分身，各自去忙各自的事。

没事养个宠物固然很好，但若养个分身，不但不必为它捡屎，在重要时刻，还能发挥奇效，只要你能乐在其中地养它，而不是避之唯恐不及地躲它。

没错，分身虽然只是幻影，但我常常依靠我的分身渡过难关。

养分身听起来也许诡异，但请把你的分身想成温暖阳光版的你，而不是七窍流血、脸泛绿光的你。

在写《蔡康永的说话之道》时，我没有提到关于分身的事，因为说话这件事，完全不缺演练的机会与对象，反正每个人每天总是得说上几句话。

但《蔡康永的说话之道》里讲过一个简单却重要的原则，就是试着站在对方的立场，听听我们说出口的话，看看我们聊天时是否在乎对方、能不能由听者的表情察觉我们是否鼻毛外露牙龈沾了菜渣或有口臭等等。

说话是说给别人听的，所以站在别人的角度来看自己的表现，是理所当然的训练。自拍这么方便，要透过自拍看到自己说话时什么模样，也很容易。

然而，要锻炼强大的内心，自拍就拍不到了。我们要练习去察觉的，是自己内心纷飞如雪、来去如浪、此起彼落的感觉、念头、情绪，这种事想要找到恰当的练习伙伴，在学校社团或健身房内，都找不到的。

再怎么亲近的朋友，都不可能自在地彼此坦露心中的情绪，毕竟不同于两只猩猩互捉身上的虱子。

自言自语，自说自话，自问自答，在大惊小怪的人群眼中，被当成一个人有毛病的征兆。

然而所有努力要越活越明智的人，每个都是一路自问自答而成长的。

情商，从头到尾就是一件自己对自己的事。如同每晚我们睡着，都是一个人入睡；做梦，都是一个人入梦；肚子饿或肚子痛，也都是一个人饿、一个人痛。人生最根本的事没什么可以赖给别人，都是自己经历、自己得失，只是我们有时候喜欢幻想别人能分担很多事罢了。

培养一个阳光又冷静版的分身，根本是你从小玩各种想象游戏时，就已经会了的事。只是我们大概把分身只当是幼时的玩伴，没想过要厮守一生、委以重任吧。

其实，既然我们在成长，我们的分身当然也会成长的。

在独处时，我喜欢请出我的分身。他可以陪我做这几件事：

我的分身可以观察到此刻的我，有没有在向我想要的生活靠近。如果没有，他可以问我："怎么了？""为什么？"

另外，在我很无力，快要撑不过去时，我会拜托我的分身，替我到一年后、三年后或十年后，去看看我的生活。

这个阳光冷静版的我，去几年之后看了几眼再回来，他会告诉我，几年后的我，还是活着，又在烦恼别的事，表示眼前的无力与困顿，并没有严重到会杀死我。

然后我就会略为松一口气，知道人生终究会继续。

　　当然，如果他去看了几年之后，回来告诉我，我到时已经不在了，那也还是能提醒我更珍重眼前，因为眼前可能就是仅剩的时光。这也能促使我郑重面对此刻的一切。

　　我期望我这个分身，除了阳光，也有冷静的一面，所以如果我眼前过于得意，他也不忘去几周或几个月之后，替我看两眼，然后回来告诉我，我眼前得意的事，过几周根本就没人记得，也对一切毫无助益，所以得意一下已经很够了。他的扫兴，可以提醒我拿捏恰如其分的情绪。

　　没错，我期待他扫兴。扫兴是接受失去，迈向平静的重要练习。

　　每个人八卦别人的是非时，都非常英明，确实证明了当局者迷，旁观者清。所以，当我们这么容易成为入迷的当局者时，培养一个我们信赖的旁观者，也就是我们的分身，既方便，又随传随到。

　　哲学家爱比克泰德（Epictetus）在两千多年前说过："先对自己说，你将要成为什么，然后再告诉自己，必须要做什么。"

　　当你对现在选的方向很不确定时，派你的分身去看看三年后的你，在过的是什么样的生活，用那个来校准你现在的方向。

自言自语，自说自话，自问自答，在大惊小怪的人群眼中，被当成一个人有毛病的征兆。

然而所有努力要越活越明智的人，每个都是一路自问自答而成长的。

所有能够写出书的人，也都是一路自言自语、自说自话，才把书写出来的。

这些人自言自语时，是他们正在与一个温暖版的自己诉苦，正在与一个雄辩版的自己争论，或者，正在与一个耐心版的自己核对，正在与一个狂野版的自己共舞。

我们如果拒绝分身，孤身陷在现实的每日生活里，就会陷在过往的经验里，也陷在既定的人际关系里。我们很难逃脱此时此地给我们的很多限制。

我们想钱想疯了时，会利令智昏；我们还会被爱冲昏头、被怒火煮沸了脑、被欲望吞掉了心。

我们会一再掉入自己的各种当局者迷，身边无人提醒。

独处没什么神秘，也没什么高贵，我自己独处时，有时也只是在鬼混、在发呆。如果能够把培养分身，进而与分身相处，当成独处时的重要活动。这样的独处，绝对比出去跟无聊的人社交，有意思多了。

分身不能替你去考试或买泡面，但它是掌握情商的秘密配备。怎么样，你考虑为自己培养一个什么版的分身呢？比你放松的？比你强悍的？还是比你爱思考的？

先开始培养吧，反正耐心地一步一步来，它会渐渐长成你需要的类型。

根据不知哪里吸收来的、乱七八糟的想法，就胡乱把自己丢到"活不下去"的情绪里，这是在唬自己、混乱自己，而不是做自己。

让分身问你"为什么"，事情会变得不一样

"你说，我们可以好好栽培一个'分身'，跟我们自己一问一答？"我朋友问。

我今天只是忽然很想吃油泼面。结果我朋友却订了一个包厢，订包厢吃油泼面真的小题大做，但我体谅他这阵子挺红的，不在包厢吃的话，被其他客人发现了，他就不免要一直合照，而吃油泼面又不方便戴着口罩吃，所以还是乖乖在包厢吃吧。

本来可容纳三十人的包厢又大又华丽，里头只坐我们两个人，对着两碗油泼面，简直像要对这两碗面进行召灵的仪式。

"等一下点瓶年份老一点的酒，不会让店家亏到这个包厢的成本就行啦。"他说。

"如果有一天，你随便进一家店摘下口罩吃面，却没有任何人找你合照，你能适应吗？"我问。

"到时候才知道吧。也许会很开心，同时又很失落。"他说。

"失落什么？"

"就不红了吧。"他说，"到时候也不会有什么主持人要访问我了，我应该也只好乖乖找我的分身出来，像现在你跟我这样一问一答，对吧？"

"那样很好啊。平常我们脑中的自问自答，都很混乱。看到路边一辆跑车，就不免自问自答：'这辆要三百万吧？''不够吧。''我是不是也该买一辆？''但我常常要载我妈，跑车不适合。''又买车，妈妈会骂吧？''妈妈最近一天敷三次面膜，她怎么啦？''如果老妈这次交的男朋友，又跟上次那个骗子同一类，我会昏倒吧？'……平常我们脑中此起彼落的自问自答，大概就是这么混乱。"

"我没有再买跑车了。我妈最近也没交男朋友。"他说。

"我知道啦，我只是随便举例。"

"难道，我们的这个'分身'，跟我们一问一答的时候，就不会这么混乱？"

"可以练习。就像你如果摩擦神灯，召唤了灯神出来，灯神会要你专注地对人生许三个愿望，不会跟你瞎扯你妈交男友敷面膜的琐事啊。"

"所以，我们栽培的这个分身，一定要比我们本人专注？"他问。

"是，要比我们本人专注。你不希望你的分身对什么事都感兴趣。这个分身最好只在乎很少的事。"

"这个分身，要不要比我们本人聪明？"他问。

我叹一口气。

"我也希望分身比我聪明啊。但他就只是我们的分身，能够比我们本人专注，就已经谢天谢地了。不太可能比我们本人聪明吧？"我说。

"对，不可能比我们聪明。"他笑了。"但，可能比我们目标清楚吧？"

我想了一下。

"嗯，他比我们专注，比我们置身事外、旁观者清，就有机会比平常混乱的我们目标更清楚。大家通常喜欢讲'梦想'，其实改成讲'目标'，会更真实。"

有些人的分身，是班纳博士自己变化而成的绿巨人浩克。有些人的分身，是二郎神杨戬养的哮天犬。我想象中的理想分身，比较接近钢铁侠史塔克的人工智能管家贾维斯（Jarvis）。

贾维斯碰上主人很固执的时候，一定任由主人为所欲为。毕竟那是他的主人。主人可以无视贾维斯任何理性的建议。每当这样的时刻来临，钢铁侠就显得特别侠气、特别热血。他是被创造出来的救世英雄，不能太理性，太理性的话，故事会很难看。

如果情商渐渐变高，有一天我们可能会忽然领悟：分身所表现的专注与节制，其实就是我们在日常该秉持的专注与节制。

分身只要养成一个简单的习惯，不断地问我们这三个字："为什

我们的分身，适合在情绪的狂潮袭来时，冷静而友善地问我们"为什么"。

表面看来没进展，但事情会一步一步，变得不一样。

么?"这样就已经很强大了。

当然不是像七岁小孩那种烦死人的"为什么":"为什么妈妈会生小孩?""为什么小狗会叫?""为什么爸爸是男的?""为什么买面包要花钱?"……不是这种令爸妈崩溃的"十万个为什么"。

我们的分身,适合在情绪的狂潮袭来时,冷静而友善地问我们"为什么":

"我男朋友离开我了,我活不下去了。"

"为什么?"分身问。

"什么叫作'为什么'?!他是我的命啊!"

"为什么?他为什么是你的命?有的人,男朋友走了,她们立刻约好姐妹喝酒庆祝呢!"分身说。

"她们是她们,我是我!我怎么能没有爱情?!没有爱情会死啊!"

"为什么会死?"分身说。

"你……?!跟你根本讲不通啊!你没看过电影吗?!你没听过那些情歌吗?没有爱情怎么活?!"

"我看过电影呀。经典爱情片《泰坦尼克号》的男主角死在海里时,女主角十七岁,然后女主角继续又活了超过八十四年哦。后来她都一百零一岁了,还有力气爬上船,有力气把好大颗的传奇钻石,丢到海里去呢。很多人失去爱情时都以为要死，但都不会死的，放心。"分身说。

"你什么都不懂，你给我滚远点！"

"我是你的分身，滚不远。"

"那你到底想怎样？！"

"我要你承认，你刚才讲的，没有爱情就活不下去，是人云亦云、随口乱说的。"分身说。

"我没有乱说！我是真的很难过！"

"那你就说你很难过，可是不要说你活不下去。"分身说。

"有差别吗？"

"'很难过'跟'活不下去'当然有差别。一个到这里，一个到那里。"分身用手比画了一下。"情绪要恰当，才不会糊涂。一味地夸大其词，整个人一定很混乱，考试考坏也说想死，投资赔钱也说想死，这样各种目标乱成一团，想专注也不知要专注什么事。所以，难过就说难过，别夸大成想死。"分身说。

"我觉得你烦死了。你该滚回哪，就滚回哪去待着吧。"

于是，问答告一段落，分身滚回它原来的角落。

表面看来没进展，但事情会一步一步，变得不一样。

因为，心会改变。

人生的各种不满，最好都能恰如其分地应对，以免珍贵的意志力，被毫无章法地挥霍掉。

6.
称职的分身，不会让你相抱取暖

根据不知哪里吸收来的、乱七八糟的想法，就胡乱把自己丢到"活不下去"的情绪里，这是在唬自己、混乱自己，而不是做自己。

　　内心混乱的人，立志要做自己的时候，会弄不清楚要做的那个自己，到底是什么样的。

　　前几年，我被找去参加一个辩论形式的节目，节目的导演告诉我，他念中学时看过我以前一个处理两代差异的节目，所以知道我受过一定的辩论训练。

　　我在学校被指定参加辩论赛时，并不喜欢辩论赛，觉得跟人斗嘴，输了或赢了都没太大意思。

　　一直到这几年，我在跟我的分身斗嘴时，我才比较认同了辩论的意义。

当我说不过我的分身时，当我的分身问我"为什么"，而我卡住，进而恼羞成怒，叫我的分身"能滚多远就滚多远"时，我知道我不是斗嘴斗输，我是根本没有好好质疑过那些因为人云亦云而钻进我脑中的想法。

如果我质疑过，然后是真心相信那些想法，我再怎么不会辩论，再怎么结结巴巴，也还是能够回答分身问我的"为什么"。分身不会笑我口拙，四下也无观众，问答只是问答，没有胜负要争，这不是为了比赛，不是为了面子，只是为了弄清楚自己所起的情绪从何而来？恰当吗？值得吗？是明白自己的生活目标，才产生的情绪吗？

称职的分身，不会为了人情世故讲场面话，不会跟我们相抱取暖、和稀泥。

"我的鼻子好塌，我不想活了。"

"为什么？"分身问。

"你看我鼻子塌成这样呀！怎么活？！"

"为什么鼻子塌不能活？吸不到空气吗？"分身问。

"你根本什么都不懂，快滚吧你！"

这种时候，会相抱取暖的恐怕只能是另外一位嫌自己没下巴或脸太大的人，然后两人可以一起觉得长成这样活不下去，甚至否定自己的人生，但其实何必动用这么大的情绪来混乱自己呢？如果想整形，可以恰当地、理性地计划，不然恐怕就会引发一波接一波越整越凶停不下来的欲望……

人生的各种不满，最好都能恰如其分地应对，以免珍贵的意志力，被毫无章法地挥霍掉，很可惜。

像我在写这本书时这样，一字一句地解释着我所相信的事，每解释一遍，我就多一次机会确认，我这么想到底有没有道理，值不值得真心相信，抑或只是人云亦云，或只是在讲风凉话。

现在，就来想一个你一直隐隐约约不太服气的大道理，可能是"男大当婚女大当嫁"，可能是"好马不吃回头草"，等等。

选好之后，唤出你的分身，让分身问你"为什么"，你试着回答看看。如果一下就卡住，那表示你根本不信这个大道理，你也不该为它起太大的情绪。

你可以更用心，去寻找更值得你信赖的、更适合你的别的道理，你会成为一个心中更"明白"的人。

内心混乱的人，立志要做自己的时候，会弄不清楚要做的那个自己，到底是什么样的。

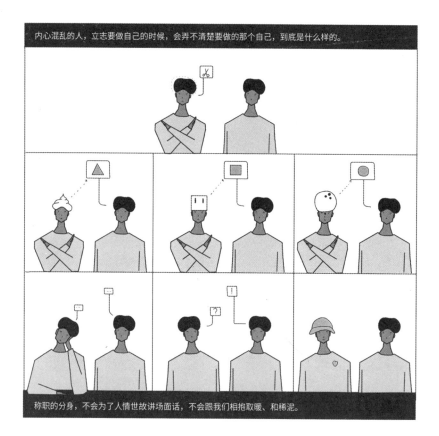

称职的分身，不会为了人情世故讲场面话，不会跟我们相拥取暖、和稀泥。

PART 2

"自己"很抽象，却也如此扎实与重要

她在各种情绪中，辨认自己的感受。

她愿意这样探索自己的心，因为这比什么都值得：不探索，就不会明白，心会积灰尘。

7.
对自己诚实，不然就等别人来唬你

我有个朋友，是明星，她很爱进戏院看电影，觉得在人群中才能感受电影该有的气氛。但她每次跟交往对象去看电影，都会被偷拍，于是她就改成常常约我去看电影。有天我跟她去电影院看电影。她装备齐全，口罩墨镜棒球帽都戴了，她如果再加上袖套，我就会很确定我们是要去山上采茶叶了。

　　电影故事讲某任英国女王晚年跟一个印度仆人成为好友，但这份友情过于跨越了阶级与种族，引起皇室中很大争议。女王虽贵为帝国之至尊，却连这么一份单纯自在的友谊，都难以享有。

　　电影很感人，我数度湿了眼眶，但还不至于到痛哭流涕的地步。当电影演完，戏院的灯亮起时，我发现我旁边这位明星朋友哭到一抽一抽的，吓了我一跳。

　　她平常很少哭，所以我有点意外。但眼泪这种东西，本来就像雨天时漏水，不知道会从哪个缝隙渗进来啊。我看看四周其他观众都起身走了，应该是没有人在偷拍她，就任她坐在原位哭一下，感觉自己好像不该完全没反应，就递了面纸给她擦眼泪。

"你哭好了，戴上口罩，我们再出去吧。"

她点点头。

"我哭得很夸张哦？我自己也没想到。"

"哭也不用预先想到吧，又不是生孩子。"

"你都不问我干吗哭成这样？"

"我是来看电影的，又不是来访问你的。"

"你问了，我也不会跟你说。"

"那就别说，我们去吃饭吧。"我说。"电影里的女王好会吃。"

后来我们就去吃饭了。过了两天，她传信息给我，把她哭的感觉告诉我。

"那天回家以后，我在想我看完电影是在哭什么？我本来以为是感伤的眼泪……"

这位女星走红快十年了，三年前她交往过一个朝九晚五的上班族，当时被报道出来之后，男方似乎在公司受到了不少困扰。我那时和这位女生还不熟，不太清楚详情，只隐约听说他们没多久就分手了。她现在发来的信息，竟然和她这段往日恋情有关。

"回想与上班男士交往的当时，我们确实感受到来自周遭的压力，但我们陶醉在爱情里面，对抗这样的压力，反而很热血，所以，我理所当然地以为，当我看到电影中女王与仆人为了友谊而对抗外界时，我是回想到了当时的辛苦，而流下感伤的眼泪。但妙的是，人骗不了自己。当我判定这就是感伤之泪，而加以结案时，我心里知道，感伤之泪不是这样的。我的痛哭里，没有欣慰，只有后悔。"

我很惊讶她讲得这么详细，虽然工作上我常听秘密，但没事要听别人的秘密，还是很有压力，类似被莫名致赠了一张昂贵又用不到的会员卡。

"我后来和那位上班男士分手，大家都以为是外界所说的众人目光的压力，但根本不是的。分手是我提出的，我发现自己刚开始时纯粹是一时兴起，交往一阵子之后，很快就发现，我们两个人的世界真的差距很大。于是我就顺水推舟，用外界的眼光当成理由，跟他分手，但我感觉得出他其实知道是我玩腻了。我到现在都还记得他明明受到伤害，还是努力挤出了温暖的微笑，谢谢我给了他一段奇妙的经历……"

啊，原来是这样的眼泪。

"我比电影里的英国女王差劲多了。我流的不是伤感的眼泪。我

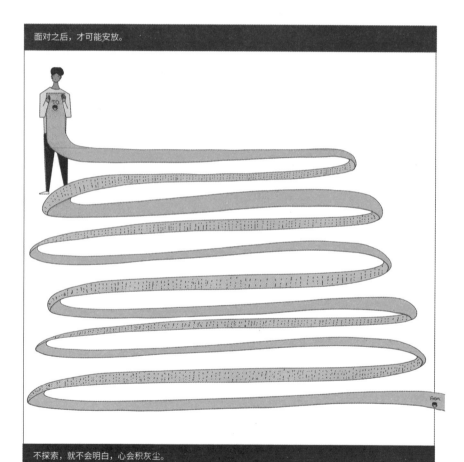

流的是懊悔与自责的眼泪。"

呼，好长的信息，我看得有点晕。

在我这样旁观者的眼中，她就是看电影看哭了。这个哭是难过、怀念，还是激动、狂喜，旁边的人看不出来。

她在各种情绪中，辨认自己的感受。她愿意这样探索自己的心，因为这比什么都值得：不探索，就不会明白，心会积灰尘。

也许有人会觉得，辨认自己的情绪，有点麻烦。

但其实可以当成很大的乐趣。爱打游戏的人，对游戏中人物使用的各种装备，如数家珍：什么盔甲配上什么兵器，可以有加成的战斗力，什么职业用什么宝物，才能克制哪一种敌人。一样的，会做菜的人，分辨各种滋味，当然是乐趣，然后做菜就会胜过其他庸者；善于投资者，能辨认各种不同投资机会的高下之别；精明的律师能巧妙地找出适用的法律条文，找出为当事人辩护的方向。

所有这些能力，都始自辨认的能力。

要做好一个人，当然要能够辨认当下的自己，正处于什么样的情绪，从而渐渐了解自己，然后一步一步地，具备安放情绪的能力。这就是情商。

我手边有本《情绪之书》，书里介绍了不同文化的一百五十六种情绪，作者蒂芬妮·史密斯本来是剧场界的导演，后来成为人类情绪史的专家。她在书里讲到，有些文化对某些情绪特别讲究，却又对某些情绪很陌生。

例如：澳洲西部的宾土比人，有十五种不同的恐惧，其中一种恐惧的宾土比语叫作 ngulu，指的是：在疑心别人正在找机会对自己报仇时所感受到的恐惧。而我们几乎每天都会不时感到的"担心"，在秘鲁的马奇根加人 Machiguenga 的语言里，却竟然不存在！他们没有字可以描述"担心"这种感觉。

你能想象你的妈妈跟你大吵一架，气得冲出家门之后，过了半夜三点还没回家，你吃不下又睡不着，踱来踱去，但却没有"担心"这个词可用，而必须模模糊糊用很多别的说法，像是"我觉得可能出事了""会不会想去做什么"这些啰唆的方式，来试着表达"担心"。

没有那个字，就会对那种情绪陌生，要花更多力气去辨认它长什么样子。

中文当然也欠缺一些字，比方你送朋友一张门票或一块蛋糕，你可以简洁地用一个字"enjoy"，就表达完了，但在中文，你只能勉强用

"享受"这个词，然后你的表达就成了："你好好享受这场表演或这块蛋糕吧。"朋友会懂你的意思，但听起来就是怪怪的，好像朋友很饥渴的样子。可能我们的文化比较不重视那种除了玩耍之外，随时随地自己找乐子的状态吧。（但我觉得很值得重视，很值得有一个专用字。）

我这位看电影看哭的朋友，表面上拿我当成说话的对象，但实际上，手机才是她说话的对象。她打好那则信息之后，表面上是发给我，但实际上是发给她自己。那就是她的情绪笔记，记录她辨认情绪的一步步痕迹。

只要她起心动念，把情绪记下，她就会对自己的情绪日渐熟悉。你可以想象一年前，她可能还不愿意面对这份回忆中的罪恶感，现在她透过一部电影、一次落泪，弄清楚了一直窝在心里的感受，这就是"面对"。面对之后，才可能安放。她这样就减少了一次对自己的隐瞒或撒谎。她距离那个传说中的"对自己诚实"，又进了一步。

你要不要也想一下，上次看电影落泪，是因为什么样的情节，那个情节对你意味着什么，才使你落泪呢？

可以拿出手机，写一篇情绪笔记给自己，也可以写在这一页的空白处。体会一下写出之后，有没有变得跟自己更熟一点？

如果你一直以来，都向往着做自己，却有点无头绪，就从这里开始吧。
认识自己的情绪，进而认识当下的自己，然后就能认识长久以来的自己。

很多人都把心情写了，放在网络上。但大部分放的，是给外人看的，那是你人生的橱窗，展示的是你想给外人看的那一面。

你也要有一个人生的保险箱，那是留给你自己看的，里面放的是珍贵的资产——你在人生关键时刻的感受，如果不记下来，则日后回忆起来，一团迷糊。久了，就越来越认不清自己。

那个保险箱，就是你的情绪笔记。

如果你有喜欢的朋友或家人，当然也可以邀他们一起来回味某一次情绪经历。

可以当游戏，也可以当谈心，互相提一个问题，聊了之后，一定会促进彼此的了解与感情。（但当然不表示将来不会疏远或闹翻，人生嘛。）

如果一时想不出要聊什么题目，以下是我的小小建议，可以从当中选一个适合你们的：

· 你们各讲一位曾经很要好但后来就渐渐疏远的朋友，说出疏远的起源是对方还是自己？如果那个障碍解除了，那份友谊还会恢复吗？

· 你们各讲一件最近疯狂想买但有点贵的东西，说出到底是真喜欢，还是买下只是为了胜过别人？还是不花这笔钱就不爽？还是其他原因呢？

我有个朋友，本来是位喜欢追星的人，几年过去，他现在自己也是个半大不小的明星了。

他有点感慨地从抽屉拿出以前他找各种明星签了名的照片、手机壳、纸钞、内衣、课本、皮带、卫生纸。很多签名早已磨损到看不清了，难得他还保存着。

"签了这些，也不知道干吗。"他说。

"拿去卖应该也不好卖了，但也许这就是你后来自己也成为明星的动力来源吧，把它们当成长大过程的蜕皮就好了。"

"你看，还有那时候你来我们那里的书店办签名会，我找你签的。"

他拿出一本有点破旧的书来，竟然不是我以为的《蔡康永的说话之道》，而是《那些男孩教我的事》。我看到上面只签了我名字的最后一个字，幸好另外有盖了个纪念章，起码纪念章上面有我完整的名字。

"我只签了一个字。"我说。

"嗯，那天排队轮到我时，已经深夜一点了，他们说你在座位上签了十个小时没有站起来，时间已经拖太晚，所以一律只能签名字中笔画最少的那个字哈哈哈。"

"哈哈我记得，当时一边签，同事一边投喂我，只差没有替我包尿片了。要不……我现在帮你把名字补完整吧？"

"其实我当时，很想要你额外给我题上三个字。"他说。

"哪三个字？"

"'做自己'。"他说。

"没问题啊，那我现在也一并写上吧？"

我题上他的名字，也写上了"做自己"，再把我的签名补完整。

"所有我签过的名当中，起码有近百次，是被要求写上'做自己'这三个字的。"我说。

"你觉得很奇怪吗？"

"嗯。"

"因为很多人都做不了自己啊。"他说。

所有的回忆、想法、性格、感情，都是从小到大，一步一步累积而成的，
日渐形成我们生命的四条巨大的河流。

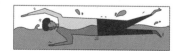

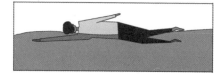

这趟游泳，就是这一生啊。

"我知道，我是说，叫我来写这三个字很奇怪，好像我就做得了自己似的。"我说。

"你够做自己了吧！"他说。

"哈哈，差得远了。应该没人能完全地做自己吧，从国王到乞丐，大概每个人都觉得已经够委屈、够妥协了，为什么这世界还不满意？"

"所以……做不了自己吗？"他说。

"有的人做不到，有的人做到了，却不知道。"

"怎么可能有人做到了却不知道？"

"因为根本不知道什么是'自己'啊。"我说。"你知道吗？什么是自己？"

抽象的东西很麻烦，因为摸不到，没办法扎扎实实地装在口袋里，或嚼两口吃下去，或者告诉计程车司机它的地址，或者拍张照当证明。

但我们并不起疑，我们向来很笃定地把抽象的事物，当作扎实且重要的事物。

我们说"这个人很美""那个人很坏""我真的很爱她""她根本不在乎我"。这里面的每一样都是抽象的。"美丑""好坏""爱恨""在乎"，都是抽象的，但都如此扎实，如此重要。

"自己"很抽象，但也如此扎实与重要。应该是最扎实，也最重要。

这个"自己"，是肉身与灵魂，而灵魂就是：回忆、想法、性格、感情。

所有的回忆、想法、性格、感情，都是从小到大，一步一步累积而成的，日渐形成我们生命的四条巨大的河流。这四条河流互相交错，水质也互相影响，这条河清澈，那条河又混浊了，这条河汹涌，那条河又枯竭了。

而情绪是什么？情绪就是这四条河流之间出现的各种细细的支流、各种波纹、各种水中倒影、各种飞溅的水花、各种流经你的水滴与杂质。

情绪，就是当下的自己。

长期的自己，是肉身与灵魂。当下的自己，是情绪。

知道了这个，"做自己"就不是讲空话，不是梦想，而是可实现的目标。

　　如果一直以来，你都向往着做自己，却有点无头绪，不知道要从哪里开始，就从这里开始吧。

　　认识自己的情绪，进而认识当下的自己，然后就能认识长久以来的自己。安顿好自己的情绪，安顿好当下的自己，然后才可能安顿好自己的人生。

　　每秒流经你生命的水滴，就是你生命的河流。

　　我们每秒在这些河中游泳，醒时、梦中都在游。我们偶尔要察觉这些包覆我们的水滴的存在，玩味这水，过滤这水。

　　这趟游泳，就是这一生啊。

有出生就很聪明的人，但没有出生就有智慧的人，智慧，从辨认自己的心开始，别容许自己变成一个对内心无可奈何的人。

9.
学校没教的入门知识，我们来自修

你会在不该想上厕所的时候，偏偏就很想上厕所吗?

我有个朋友，是明星。他开过很多演唱会，但每次演唱会开演前二十分钟，他一定会忽然很想要上厕所，然后就引发一场小小骚乱。

演唱会的服装虽然华丽，但为了换装快速，通常还挺容易穿脱的，只是有时身上都已经绑好了麦克风耳机什么的，这个也要脱，不然上厕所的时候直播声音到全场，未出场先轰动，观众可能会太嗨。

他的服装师跟音响人员，当然都希望他可以早一点去上厕所，不要每次都闹得人仰马翻。但明星也不是故意的，他明明提早一小时上过厕所了，只是快上台时，又会觉得必须再去一趟。

他请我吃饭时，跟我讲了这件事。我其实很饿，但请客的人想聊天，只好先聊一下。

"可是我根本不是紧张啊，演唱会都办过快一百场了，哪会紧张。"明星说。

"不是肠胃原因？"我说。

"医生说肠胃没问题。"

"是不是舞台用了什么材料，有某种气味或颜色，唤起你小时候
憋尿什么的回忆？"

明星想了一下，然后意味深长地看着我。

"你想用弗洛伊德那套对付我哦，儿时黑暗回忆造成我变成连续
杀人魔之类的？"

"没有吗？"

"没有。"

"那么……是不是传说中的，把腹部清空之后，人体可以成为共
鸣箱，对歌声更有效果？"

"扑哧，那肚子要有多空啊？器官都得先移出来吧。"

"唉，那我只好乱猜了，是不是……追求自由轻盈，要把身上的
束缚都解脱，然后就可以无拘无束地表演？"

明星听了之后，想了一下。

"有意思，方向似乎有点接近了，但不是。"

"谁有兴趣猜你为什么要上厕所呀，你又没在厕所杀人，我也不
是柯南，我们可以点菜了吗？"

他似乎想到了什么。

"水声。可以使我变专注，我进了厕所，会打开水龙头，然后坐在那边听几分钟的水声，最后再听冲马桶的水声，就会变得很专注。"

"是哦？我怎么觉得你现在只是故意在拖时间，不想让我叫吃的而已？好吧，你找到答案了，现在我可以点菜了吗？"

我后来每次看他升上舞台，万人尖叫欢呼时，我都不免想到这家伙刚从厕所跑向舞台的惊险画面。

心里有感觉，却说不出也讲不明，那是孩提时的苦。所以小孩常哭。除了哭，说不出。

我们长大以后比较少哭，不是委屈的事变少了，而是我们比较有能力分析情势，分析之后，如果发现值得生气但不值得哭，那就生气而不哭；如果发现值得哭，但哭了之后，恐怕会吓到同事或同学，那我们就也不哭。

我们渐渐把不同的感觉情绪分门别类，所以才说大人有七情六欲，很少说小孩有七情六欲……呃，除了某些比较特别的小孩吧。

大家心头都有这么多情绪，为什么有些人平静、平衡，有些人不安、混乱？

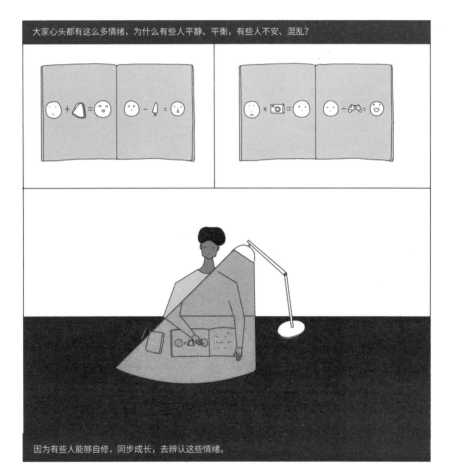

因为有些人能够自修，同步成长，去辨认这些情绪。

越是细腻的人，感觉越丰富。

没事就上网乱逛乱看的我们，比起坐在山洞钻木取火的原始人，每分钟接收到的刺激以及因而产生的情绪反应，应该都是多出千百倍。

当我们情绪产生的密度及种类，都远超过了过去被归纳过被描述过的七情六欲时，我们又回到了小孩的状态，很多涌上心头的情绪，我们既认不清，也讲不出。

大家心头都有这么多情绪，为什么有些人平静、平衡，有些人不安、混乱？

因为有些人能够自修，同步成长，去辨认这些情绪，有些人觉得反正学校没教，何必再自修，嫌麻烦，最后就像没学加减乘除的人看到教室那样，对自己的内心傻眼、无可奈何。

加减乘除是知识，辨认情绪也是知识。我们这辈子每秒都会遇到情绪，可不会每秒都遇到数学。学校教了加减乘除，还教了化学、物理、青蛙内脏与冰岛、阿根廷的首都，但没教认识情绪的入门知识。

情绪方面的知识，不会像学校课本上的知识那样，考完试就被丢掉，而会累积在我们心里，累积成所谓的智慧。

有出生就很聪明的人，但没有出生就有智慧的人，智慧，从辨认自己的心开始，别容许自己变成一个对内心无可奈何的人。

如果能够把表达情绪当成理所当然的事，而不是特权，才有可能把情绪纳入日常生活，自在地活下去啊。

10.
表达情绪不是在展示权力

我有个朋友是明星，也是个妈咪，有个小孩在念小学。她手把手地教会小孩背下了五首唐诗，我去她家吃饭时，她要她的小孩把这些唐诗背给我听。

我饭还没吃，就得听诗，等于还没拿订金，就要先工作，是可忍，孰不可忍。

"这位太太，李白杜甫死了也都有一千两百多年了，你家孩子要背他们的诗，也不争在这一顿饭的时间，让小孩先吃饭吧。"

小孩本来就不情愿，此时一见有了声援，立刻也表示不想给客人背诗，估计也是隐约嗅到了我没什么兴趣听。

"啧！乖一点，不可以这么没礼貌。"明星妈咪说。

天晓得没礼貌跟背不背诗有什么关系。大人骂小孩常常是口不择言，骂了再说。

"我们就先吃饭，吃完了再说吧。"我说。

"啧！乖一点，不可以这么没礼貌。"明星妈咪对我说。

小孩终究乖乖背了诗，我也乖乖听了，听完当然赞赏一番，主要是赞赏明星妈咪的杰出教育。

"嗯，好乖，好听话！宝贝最听话了，妈妈最爱你了！"明星充满爱地抱抱孩子，放孩子去看卡通吃晚餐了。

我看了明星一眼，她立刻回瞪我。

"你是不是要批评我让小孩看卡通吃晚餐？"她先开口为强。

"没有啊。你管教你的小孩，关我什么事？我可以吃饭了吧？"我说。

"那你刚刚在我说我最爱我小孩的时候，你那个眼神，是什么意思？"

我叹了一口气，放下筷子。

"你刚刚抱着小孩，说你最爱她的时候，你还记不记得，你称赞她什么？"

"当然记得，我说：宝贝最乖，最听话了。"

"嗯。"

"嗯什么？怎么样了？是我小孩哪里不乖不听话了？"

"你说你很爱你的小孩就好了。你为什么要把听话放在爱的前面？小孩不听话，你也一样爱，不是吗？"

我们每个人都从小就听惯了爸妈这样称赞我们。我们早已接受：一个所谓的"好孩子"，就是一个乖孩子；而一个乖孩子，就是一个听话的孩子。

可是，我的明星朋友的小孩，是做了什么，而换得了"听话"的称赞呢？

小孩是靠着压住自己的不情愿，才被称赞听话的。

所有的小孩，因为害怕而不肯去看牙医、因为厌恶而不肯吃青菜、因为害羞而不肯在客人面前表演，如果他们勉强把他们当时的害怕、厌恶、害羞给压住，藏起来，他们就会被称赞听话、乖，而被认定是一个好小孩。

"你是在跟我计较什么？小孩能够把那些不必要的感觉跟情绪都压下来，不是很值得称赞吗？"

"被这样称赞着长大，将来可能会觉得，所有这些不讨人喜欢的感觉、情绪，都是丢脸又麻烦的东西，然后就成为一位老是想压下这

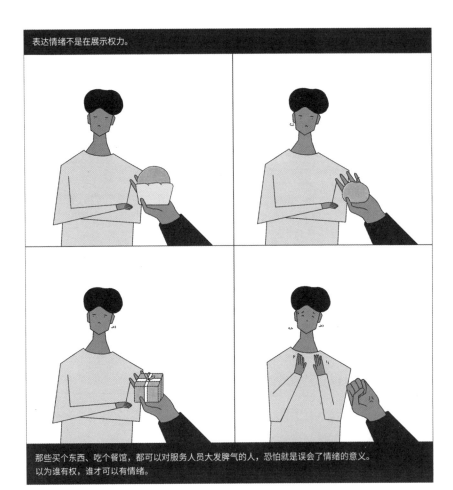

表达情绪不是在展示权力。

那些买个东西、吃个餐馆，都可以对服务人员大发脾气的人，恐怕就是误会了情绪的意义。以为谁有权，谁才可以有情绪。

些情绪的大人。"

"这样，不就表示她情商很高？"明星妈咪说。

"你觉得这是情商高？不是在委屈自己？"我看着她。

当爸爸妈妈对小孩说"你真的把我惹火了"的时候，爸妈是理直气壮地承认自己是有情绪的，而且情绪很大。而情绪这么大的大人，紧接着责备小孩的下一句话，却是："你这小孩为什么这么不听话？！"

责备对方"不听话"的意思，就是"我可以有情绪，但你不可以有。"

这很玄妙，当光波或声波遇到阻挡，要不就折射，要不就穿透，可是生气骂人的爸爸妈妈，送出强烈的情绪波浪时，却要求小孩不能折射，也不能任其穿透，而是要求小孩"吸收"这些来自大人的情绪。

小孩不但要亲身体验爸妈的情绪，还要同时抹除自己的情绪。

这样的教育，就是告诉小孩：情绪是一种特权，想有情绪？等你也熬成了大人再说吧！

小孩抱着这样的态度长大，应该会觉得自己不该有情绪，就算有也要藏起来，然后，等到自己可以对别人颐指气使的时候，再让情绪充分地发泄吧？

或者，有些小孩，被爸妈这样对待，转过身也就这样去对待生活中服务他们的人。

这样的养成，把表达情绪当成了权力的展示。那些买个东西、吃个餐馆，都可以对服务人员大发脾气的人，恐怕就是误会了情绪的意义，以为谁有权，谁才可以有情绪。

生活里很多人跟我们并不是权力的关系，没有上下之分。朋友之间、恋人之间、同事之间、同学之间，都可能不是权力的关系。

面对这些平等的人，我们的情绪该怎么办？他们的情绪又该怎么办？

如果能够把表达情绪当成理所当然的事，而不是特权，才有可能把情绪纳入日常生活，自在地活下去啊。

有很多创造了一时话题的畅销书，等到流行过了再看，难免觉得过时。但如果能够多年不退流行，就会成为经典。

心理学家高曼二十多年前轰动一时的著作《EQ》，作者曾特别为中文译本写了一篇序。

他在序里提醒华语世界的父母，虽然善于督促小孩把考试考好，把公司要求的工作做好，但在教养上，却非常忽略小孩创造自己人生的能力。

二十多年过去了，《EQ》这本书里讲的很多事依然被忽略，我们的基础教育，依然教学生只对付头脑，不对付心灵。

幸好这件事我们可以自己练习，而且在人生的任何阶段开始，都能感觉到这样练习的收获：你越来越会安顿你的情绪，对重要的人懂得了在乎，对不相关的人也能不在乎，换句话说，如同河流容纳倒影与水滴，接纳情绪的存在，成为情绪的主人，而不是莫名其妙地，一辈子当情绪的奴隶。

脾气来了，来不及数数目让自己冷静，结果就暴露了内在，令自己陷入容易受伤的脆弱状态。情绪是我们的一部分。冷静地面对它们。

11.

快要失控前，拖时间冷却一下

我有个朋友，是个明星。这明星略有一点年纪了，平常大大咧咧的，笑起来很大声，牙齿沾到口红也不擦，吃完饭会用舌头去舔一圈牙龈，很有大妈的日常感。

她拉我去逛街，我实在不想奉陪。但她以她多年累积的人脉，订到一家我怎么样也订不到的餐厅，为了贪图能吃到那家餐厅，只好陪她逛逛。

她有一项大妈逛街的习性，我看了也是不解。不管看中的是个杯子还是个锅子，即使货品远在三米之外的架上，她也要走上前去，伸手去摸摸那件东西。

"大姐，如果是衣服或窗帘，你一定要上前用手摸摸，搞清楚质料，这个我能理解。可是，那锅子一看就是钢的，那杯子一看就是玻璃的，为什么也势必要用手去摸一摸呢？"

她赏我一个白眼。

"摸一摸是在拖时间，让自己火热的心冷却一下，盘算到底要不要买，怎么杀价。"

"哦哦哦，原来如此，失敬失敬。"我退到一旁，不再多口，心中佩服。

想要拖个几秒，让火热的东西冷一下，只要养成去摸一摸的习惯，就可以了。

很多暴躁的人，想变得别那么暴躁。他们听过一些建议，例如：感觉要生气了，就开始数数目："一，二，三，四……"这么数。

如果能够及时开始数，那确实有效。可惜有时脾气来了，当场失控，顾不上数数目，就炸了。

情绪，就是我们当下的自己。谁会没事当下就把衣服扯了，让自己裸在对方面前？先不去管是否丢脸或失礼，没事就暴露自己的内在，是危险的事。即使兽类，都会小心地以鳞甲或皮毛去面对陌生的对象。

没事就裸露身体或情绪，那是婴儿与某些行为艺术家才做的事。

脾气来了，来不及数数目让自己冷静，结果就暴露了内在，令自己陷入容易受伤的脆弱状态。如果不想这样，大妈明星的"不论如何，先伸手去摸一摸，为自己拖一点时间"的习惯，应该会很有帮助。

不要只想在愤怒时，靠着数数目而冷却。要像大妈明星这样，对所有情绪念头都一视同仁，只要起心动念，先上前去摸一摸，养成了这个什么都先摸一摸的习惯，一定能为自己争取几秒，再以比较恰当的方式处理冒出来的情绪。

也许有人不想变冷静，喜欢被当成一个永远热乎乎的人。如果想走这个路线，当然可以试试看，但可能撑一阵子之后，很快就会被某个不值得热络相待的人质疑你："为什么不像当初那么热络了？"

即使太阳都需要下山，何况是人？想要一直热乎乎的人，一旦转为冷静，会遭遇质疑。倒是平常冷静的人，比较进可攻，退可守，等弄清楚谁值得你热情相待，再热起来也不迟。

不要追求对人都无差别的热情，没有亲疏之别，怎么对得起你生命中那些重要的人？

不只对待愤怒，就算对待快乐、悲伤、嫉妒、后悔，都别囫囵吞下，都先摸一摸，闻一闻，嚼一嚼，再吞咽。

别对情绪大惊小怪，河流怎么会对水大惊小怪？活着就会有情绪，别一遇到快乐，就像吸到毒品。

也别一遇到悲伤，就像遇到鬼，看都不敢看一眼，转身就跑。你不会想对快乐上瘾，也不会想沦落到害怕自己的悲伤。

情绪是我们的一部分。冷静地面对它们。

情绪不是我们的主人，不要卑微地求快乐，不要恐惧地躲悲伤。别被愤怒控制，也别让热情成为待人处事的重担。

如果有兴趣培养这个"摸一摸"的习惯，可以现在就来练习看看。

想一个身边最讨厌的人，列出三项这个人最令你讨厌的品质。不要列细枝末节的症状，而是列出这个人的某三个品质。

意思是，不要列这个人"穿衣服很土"，而是列这个人"对美丑没概念"；不要列这个人"很臭"，而是列这个人"不重卫生"；不要列这个人"上班偷懒"，而是列这个人"逃避责任"。

列出三项之后，看看这三项跟自己是否有关？跟自己无关的就算了，只看那个跟自己有关的品质。

比方这个讨厌鬼"逃避责任"，害你老是背黑锅或代擦屁股，这就跟你切身相关。

这就是在"摸一摸"，这样"摸一摸"之后，你可能还是讨厌这人，但你多了一层信息。

你对这份讨厌的来源，会清楚很多，而不再是一团乌烟瘴气的讨厌，也不再是"我对这人就是有说不出的讨厌"，而是"说得出的讨厌"了！

由说不出的小孩状态，进化到说得出的成熟状态。你成了一个比较冷静，也比较理性的人，你的感性，是有理性作为依据的。

这人下次又令你生气的时候，你知道了你的气是从哪里来的。这样你就认出了你的愤怒，下一步才知道要怎么安放这个愤怒，而不会漫无头绪地发飙或压抑，伤害了自己。

快乐的时候，习惯性地"摸一摸"这份快乐，效果也是一样的。你在"玩味""品尝"这份快乐，而不是囫囵吞下。这会使你的快乐比较接近更隽永的"喜悦"，也容易使你对这份快乐，怀抱感激。

这样的冷静，不是冷漠，而是宁静。

宁静，有助于我们成为情绪的主人。

大妈明星常常能买到品质好、价格对，又用得上的东西，就是因为她是冷静的购物者吧。

让自己火热的心冷却一下。

00:03　00:02　00:01　00:00

00:00　00:01　00:02　00:03

情绪是我们的一部分。冷静地面对它们。

PART 3

"负面"情绪，跟你想的不一样

一出像样的戏，一定会有讨喜的角色与不讨喜的角色。我们常说的负面情绪就是这些不讨喜的角色，试着从这个角度去理解所谓的负面情绪，就能体谅它们为什么没办法从你的人生舞台永远消失，也绝对不可以永远消失。

12.
"负面"情绪，就像戏里的反派角色

我有个朋友，虽然当过明星，但一下就不红了，参演过两部戏，之后再也无人问津。于是她开了间小店，当店老板。

她跟我说开店之后，脾气变得很暴躁，动不动就生气、沮丧、焦虑、失眠。

有一次她又大骂员工，骂完很懊恼，问我怎么办。

"当老板，当然要表达情绪，这样同事们才能感受到自己做对还是做错。不过，我认识的一些老板说，他们在同事面前的情绪，常常是演的。"

"演的？什么意思？"她问。

"就是表演生气、表演焦虑，让同事明确收到信息，然后就可以收起情绪，收工了。"

"情绪还可以收工？"她问。

"你不是演员吗？你一定比我清楚吧。"

我建议她把表达情绪，想成是表演情绪。把情绪当成台上的角色，放到前台去表演，演完就放到后台去休息，等下次出场。

你会越来越像球场边的教练，本来是真的狂怒或狂喜，但随着球赛转播次数渐增，越来越感觉到观众的存在，一步一步懂得有时把观众看在眼里的各种情绪，当成角色们来调度，传达出你想传递的信息。

舞台上有讨人喜欢的角色，也有讨人厌的角色，这些角色上台下台，来来去去，我们的情绪也是这样的。知道它们既然会上台，就会下台，接受它们会不断地来来去去，常常意识到情绪会来也会去，会突如其来也会倏忽而去，这样看待情绪，会放松很多。

一出像样的戏，一定会有讨喜的角色与不讨喜的角色。

如果只有讨喜的角色，那充其量只能构成一张单调的剧院海报，无聊到只值得瞥一眼，不可能是一出丰富有趣的戏。

想一下你喜欢的戏剧，里面那些不讨喜的角色，通常也都不是什么邪恶的反派人物，像绝大部分爱情故事、文艺故事里，所谓的反派根本谈不上巨奸大恶，充其量是些不讨喜的角色，他们的功能就是给故事带来各种波折麻烦而已。

我们常说的负面情绪，就像这些不讨喜的角色，各有各的功能，各自在故事需要时登场，发挥完作用之后，就到后台去休息，等待下一次上场。

试着从这个角度去理解所谓的负面情绪，就能体谅它们为什么没办法从你的人生舞台永远消失，也绝对不可以永远消失。

它们如果消失，你的人生戏剧就只剩一张单薄的海报了。

一出像样的戏，一定会有讨喜的角色与不讨喜的角色。

把情绪当成台上的角色，放到前台去表演，演完就放到后台去休息，等下次出场。

祈求再也不要有任何负面
情绪的人，
到底是在祈福，还是诅咒
自己？

13.
拒绝所有负面情绪的人，
连吃火锅都只能吃到甜味

我有个朋友，是个明星，但不是娱乐明星，而是作家明星。她是位畅销小说作家。她约我吃饭时，拿了她新出的小说给我。

我看了看书的扉页，她没题字，只签了名。

"不写几个字吗？"我问。

"要我写什么，写'快乐'吗？还是'幸福'？"她问。

"好像太普通了，我自己都常常给别人题'快乐'跟'幸福'，还加画一个笑脸。"我说。

"那么，写个相反的？"

"好啊，写来看看。"

于是她在新书的扉页上，画了一个哭脸，题上"悲伤"二字。

"嗯，这确实跟'快乐'相反。看起来真可怕，但你既然已经题了这个，就干脆再题一个跟'幸福'相反的吧。"我说。

她很起劲地点点头，又在扉页题上"不幸"二字。

"从来没题过这几个字，好新鲜哦……这样你高兴了吗？"她说。

我看着扉页这几个不讨喜的题字，苦笑。

"很难高兴得起来。"

"连你这样的怪人，也会吃不消啊，哈哈。"

"虽然是独一无二的题字，但将来想拿去卖钱，应该也是卖不出什么好价钱。"我说。

"下次有人找你在书上题字，你也可以题上'悲伤'跟'不幸'试试看。"

"一定被对方赏白眼的啊，怎么看都是一本被诅咒的书。"我说。

她想了一下。

"那你觉得，'万事如意'是祝福吗？"她问。

"当然。"

"如果我祝你的仇人'万事如意'呢？"

"对他是祝福，对我就成了诅咒。"我说。

"所以喽，彼之蜜糖，汝之毒药。祝福还是诅咒，看落在谁身上吧。"

我看着扉页上题的"悲伤"跟"不幸"，想了一下。

"让我来加上三个字看看。"我说。

"加哪三个字？"

我加上"的意义"三个字，题字变成了"悲伤、不幸的意义"。

"嗯，这样就不像诅咒了……像……一种提醒。"她笑了，"这么烂的事，一旦找到意义，好像忽然就变高级了。"

"人类就是什么都要找意义的动物啊。"

美国的一家中学，有一年请了当时的首席大法官罗伯茨（John Roberts）去为毕业生演讲。他的演讲内容，后来引起了不少报道，因为跟大部分的毕业典礼演讲不一样。罗伯茨对毕业生们说：

"希望你们三不五时，就会被不公不义地对待……希望你们遭到背叛……感到孤单……遭遇不幸……"

罗伯茨大法官当然不是被黑暗势力派来诅咒学生的，就算是，也不可能蠢到这样明目张胆地公然下咒，他只是提供一个很好懂、但常被忽略的原则：没有黑影，你就感受不到亮光；没有黑影，你就会把亮光视为理所当然。

当我看到他这段演讲时，我忽然想到有一次被朋友带去巴黎一家名店喝热巧克力，这家与东方饮食完全无关的店，却在墙上大大地挂了一个中文的牌匾，匾上用木雕隆重地雕出这么一行中文："愿此桌不会出现背叛者。"这句中文似通不通，洋腔洋调，最主要是内容突

祈求再也不要有任何负面情绪的人，如同祈求从此口中只能尝到甜味，
不管吃辣锅水饺，还是牛排炸鸡，永远只能尝到甜味。

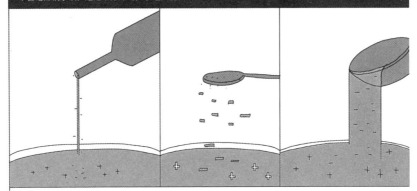

这是为自己祈福，还是对自己诅咒？

兀，不识中文的洋客人们自然只当它是异国风味的装饰，但我与朋友正坐在这个牌匾下方，一边打量这行中文，一边打量手中的热巧克力，杯弓蛇影地疑心杯中被下了毒。

其实，祈求永远平安快乐，永远不遇挫折，就像爱喝热巧克力的人，叫她一天喝十杯，恐怕连喝三天就吃不消了，何况要她连喝一辈子？

罗伯茨大法官演讲的完整意思是——只有当你遇上了不公不义，才会懂公理正义的价值；只有当你遭到背叛，才会了解忠诚有多重要；只有感到孤单，才不会把朋友当成现成的；只有遭到不幸，才会意识到我们有多依赖机会与运气。

这位大法官在进入美国的最高法院之前，当过巡回法院的法官助理，也当了很久的律师，职业处境应该跟医生很像，经手的都是人间不讨喜的麻烦事。从事这种工作的人，需要懂得在负面的事里看到意义，才能保持活得起劲吧。

很多所谓"负面"的事，只是来自粗鲁的误会。

比方细菌被大部分人当成负面的东西。商品只要标榜"杀菌"，不管是棉被还是内裤，总会吸引不少害怕细菌的人。

如果有一天我们真能把细菌杀光，我们人类也就活不成了。细菌是我们的一部分，每个细胞里提供能量的线粒体，当初就是细菌变成的。

母亲生产婴儿时，婴儿必须经过通道，母亲的身体在这通道准备好了大量的各种细菌，这样婴儿挤过通道，降临世界时，婴儿的身体才备妥了足够的细菌，让免疫系统能有足够的演习对手，来面对外界的挑战。

去问细菌方面的专家，他们会用数据告诉你："通过产道出生的婴儿，抵抗力较强，普遍比较不会生病，而没有通过产道、借由剖腹生产的婴儿，少了这一道'把细菌装备到身上'的环节，防护就相对脆弱。"

摘句生物学家桑普森（Scott Sampson）的说法："这个身体住有大约十兆的人体细胞，有大约百兆的细菌细胞住在这个身体……比整个地球上的人口还多，甚至超过银河系中恒星的数量……我们完全依赖这个细菌大队提供各种服务，从防范入侵者，到把食物转为营养。"这样的我们，却以讹传讹地热情欢迎所有标榜能够杀菌的日常用品。

大部分人也是这般以讹传讹地看待所谓的负面情绪，就跟对付细菌一样，越少越好，最好没有。

所以许愿的人，动不动就祈求：再也不会寂寞，再也没有痛苦，永远不要后悔，永远不要悲伤。

英文有句话说："许愿时要小心，因为可能会成真。"

祈求再也不要有任何负面情绪的人，如同祈求从此口中只能尝到甜味，不管吃辣锅水饺，还是牛排炸鸡，永远只能尝到甜味。

这是为自己祈福，还是对自己诅咒？

当你一直困在悲伤中，不断问着"为什么"却又始终得不到答案时，

试着渐渐地每问一次"为什么"，就多问一句"怎么办"，

每多问一次"why"，就多问一句"how"。

14.
"负面"，你可以不理会它，它可不会不理你！

我跟你一样，也不想要悲伤与不幸。

就算理性上我能判断悲伤是必要的，不幸是必然的，我也不会逞强说，悲伤与不幸，是什么讨喜的感受。

如果"快乐"近似蛋糕糖果的甜，悲伤也不会美味如辣锅的麻辣，或炸鸡的香脆。

"愤怒"可能是辣锅的麻辣、"对欲望的饥渴"可能是炸鸡的香脆。但有几种关键的负面情绪，算不上是任何美味。我们确实少不了这些情绪，我们也知道它们有意义，我们能够活下来，很依赖它们，但我们都还是不想要悲伤与不幸，也不想要沮丧、痛苦、羞辱、懊悔、空虚。

人生苦多于乐，这是事实，没什么好商量，逃也逃不掉。

菜单上就是这么些菜色，要么吃，要么放下菜单，走出餐厅去。

人生就是这么些滋味，要么活，要么不活。

而人生的奇妙之处在于，一旦不让我们活了，我们立刻就舍不得了。

我有个朋友，是个明星，很喜欢冲浪，他有天早上传了个讯息过来：

"我一个冲浪的伙伴，昨天车祸死掉了，我好难过。"

我当时在忙，也不认得那位车祸过世的人，我只好模糊安慰了两句。

过了半小时，他又传来一个讯息："今天天气好糟，不能冲浪，不知道要干什么，真无聊……"

我这可傻眼了，忍不住回他："无聊吗？想一下那位出车祸没机会继续活的伙伴，应该就不会无聊了。"

他只好回了我一个字：

"噢。"

是啊，你可以说他逻辑不好，也可以说他记性不好，但他的表现，其实就跟我们每个人一样：动不动就觉得无聊，同时又动不动就忘记我们都会死，一定会死。

死亡从不费事去跟我们解释活着有什么意义。死亡不在场的时候，我们一下抱怨无聊，一下抱怨挫折，可是只要死亡一欺近我们身后，在我们颈边吹气，我们立刻双手合十，觉得活着真好、善哉善哉。

但当它一走开，我们立刻忘记它来过，假装跟它很不熟。

死亡使活着有了意义，死亡就是这么简单明了地证明了它自己的身价。

我们不喜欢死亡，如同我们不喜欢悲伤、不幸、痛苦、沮丧……这一大串。

但我们不会指称死亡很"负面"。

死亡既不正面，也不负面。死亡在正面与负面之上，死亡在"上面"。

硬要说死亡很负面，活着才正面，会显得很孩子气。死亡与活着，都在正与负的上面，那是生命，不关正与负的事。

细菌也是生命，细菌也不关正与负的事。实际上，整个宇宙都谈不上什么正面跟负面。陨石是正面还是负面？黑洞又是正面还是负面？

我们一定会死，这是人生空虚感的最大来源，也是人生意义的最大来源。

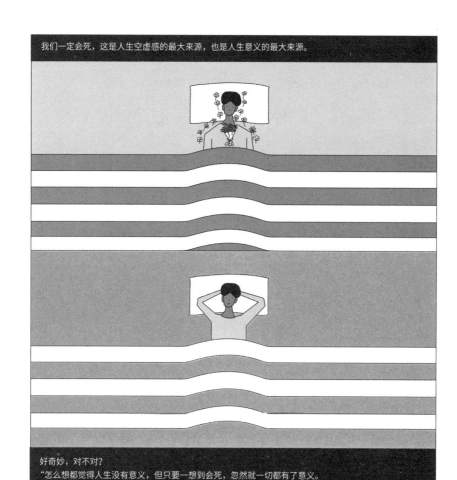

好奇妙，对不对？
"怎么想都觉得人生没有意义，但只要一想到会死，忽然就一切都有了意义。

动不动就说"不要这么难过，这样很负面""别老是想什么死呀死的，太悲观了！"，这些话背后的心态都很孩子气："它们讨厌，我们把脸转开，别理它们。"

哈哈哈，你可以不理它们，它们可不会不理你！

这里面，唯一负面的东西，是那个态度，那个"它们讨厌，我们别理它们"的态度。

我们坐在这家餐厅里，就算我们再怎么热爱这家餐厅的菜色、这家餐厅的气氛、这家餐厅的装潢、这家餐厅的一切，我们还是没办法永远赖在这家餐厅里不走。你当然可以挑一个背对大门的座位，但你终究知道这餐厅是有大门的，不然你是怎么进来的？从厨房的水龙头流进来的？

有大门，你才进得了这家餐厅；时候到了，你也会推开这扇大门出去。你理不理这扇大门，大门都在那里，这就是生命。

如果有人三不五时看着这扇大门，我们不会说这人"好负面""太悲观"。我们知道他会好好品尝这餐厅的菜，好好跟同桌的人聊天。

正面或负面，乐观或悲观，那都只是我们看这件事的态度，不是这件事本身。生死之事，无关正负。

很多事情不必分正负，甚至不必分好坏，凡事定要分好坏正负，使得许多人身上背负那么多累赘的标签，变得不自由、不自在、不自己。

把心力全用来评论小事的
好坏，
就没力气去在乎少数重要
的事了。

15.
与对错无关，
与对你有什么意义很有关

我有朋友，是个明星。（基于既非正面也非负面的原因，我安排在这本书上场的朋友，都是明星。）她参加演出了一部很烂的戏。找我吃饭，要跟我抱怨。（基于既非正面也非负面的原因，这本书只要跟朋友见面，他们都要请我吃饭。）

"这部戏烂死了，好丢脸。"她说。

"可是很赚钱。"我说。

"赚钱有什么用？还是很烂啊。"

"从某个角度说，赚钱的戏，就不算烂，甚至算好。"

"从什么角度？"

"从老板的角度啊。你觉得烂，表示拍得很随便、很简陋，也就是很省。很省却还赚很多钱，对老板来说，这是好产品，一点也不烂。"

"可是就我这个演员来说，这戏很烂。看了戏的人，也都觉得烂。"

"你们是演员视角与观众视角，就跟你说了，好或者烂，看是谁的角度。"

"难道你不觉得烂吗？"她问。

"我念中学的时候，如果城里在办艺术影展，我会翘课一整天，窝在同一家电影院里，连续看四五场平常很难看到的欧洲中东或印度电影，有时候这些电影根本没上字幕，电影讲法文、讲印度文，我一句也听不懂，也是睁大了眼睛，死撑着硬看。"

"不会睡着吗？"

"会呀。睡一下，醒了就继续看。"

"干吗这么辛苦？"她问。

"有很多是古老又罕见的电影，书里介绍过的，可能错过就看不到，只好拼了。"

"你这样拼了几年？"

"两三年吧，幸好每年只有一星期有这种影展，不然早被学校挂掉了。"

"你这样看，电影在演什么，都搞不明白吧？有什么意思？"

"确实，有些片子，后来再看到，有翻译字幕了，就再看一遍，才发现中学时根本完全弄错了整部电影的故事。"

"文艺青年的傻。"她说。

"看错故事倒无所谓，主要是，有些电影，再看一次的时候，观感改变，觉得很做作，根本没什么大不了的事情，导演大费周章地摆了很高的姿态，拍成了很艰深的电影。"

"扑哧，文艺青年的幻灭。"她说。

"十七岁时觉得超厉害的东西，过了很多年再看，有的还是厉害，有的就一点也不厉害了。"我说。

"是啊，你应该高兴，表示你后来总算见过点世面，没那么大惊小怪了。"

"那么，你现在觉得烂的戏，过了二十年，还会觉得烂吗？"我问。

"肯定会啊，应该只会觉得更烂吧。"

"那你现在觉得好的戏呢？"

"二十年后再看吗？也许没那么好了。"她说。

"我们的心力有限，如果什么都要过一过脑子，评论一下好坏对错，评论了一百件无关紧要的事，用光了心力，结果就没力气去感觉少数重要的事，对我们有什么意义了。这是因小失大啊。"

"什么是少数重要的事？"她问。

"比方说，你不想结婚，但透过某些方式，有了你的孩子，你一个人加一个孩子，就这样组了一个家庭。这不关任何人的事，只关你跟你孩子的事，这就不必评断对错啊，这事与对错无关，只看对你有什么意义而已。"

把心力全用来评论小事的好坏，就没力气去在乎少数重要的事了。

对错，没有意义重要。

"对孩子呢？"她问。

"也没有对错啊。就看对这孩子有什么意义而已。有些孩子，出身正确，家庭完整，但没有爱，又有什么意义？对错没有意义重要啊。"

她看看我的盘子。

"你的白芦笋炖饭，剩了一大堆。"她说。

"难吃死了，这个厨师根本不会弄白芦笋。"

"你这不就在评断好坏吗？你要看的是白芦笋的意义！"她说。

"就很难吃啊，有什么意义？"

"这坐飞机运来的白芦笋贵得要死，是你自己说要吃的，还要老娘请客，对你没意义，对我意义可大了！"

整个宇宙，哪有好坏对错？
而我们不都为这个宇宙深深着迷？

16.
放下评断，领受人生这个礼物吧

如果你只有一笔装修的预算，你会优先装修你家的外面，还是里面？我问的每个人，都回答我"里面"。

每个人都跟我说："我们是住在房子的里面，又不是住在外面，当然优先把钱花在里面。"

回答得好明快哦。

那么，为什么，当花的不是钱，而是比钱珍贵得多的"心力"时，我们却优先把心力花在外面，而不是里面？

难道，我们的心，住在我们的外面，而不是里面吗？

不评断，已经成为非常困难的事。好像担心不发出点声音，别人就会看不见我们，直接从我们身上踩过去似的。

习惯上网的人，有些会每天像个不领薪水也没有法庭的野法官一样，自动审视着每个送到眼前来的案子，在自己的小房间里，不断地宣判："这个是人渣！""那人真该死！""这女的瞎了吗？嫁给这男的？！""是谁找了这么个笨蛋来管这么大的公司的？"

这样不拿钱却猛办案的野法官，听起来挺感人，但实际上当然很荒谬，而且很消耗心力，耽误我们把心力花在"里面"。

这种自命法官状态的我们，满脑子只剩下"应该"与"不应该"，也就是满脑子的"规矩"，过去的一切教育，留在我们身上的各种规矩。只想着"应该与不应该"的我们，既无法自由地感受，也无法开放地思考。其实世上各种规矩中，有适合我们的，更有不适合我们的，不可能有人会适合所有的规矩。

如果我们培养的分身，这时能有机会上场，一定会觉得眼前景象太可笑，而提醒入迷的当局者，也就是我们本人，提醒我们这样会没办法感知任何重要事情的意义。既不能感，也不能知，感性与理性都被挡在外面。

我们不是人生的法官，而是领受人生这个礼物的幸运儿。放下评断每件事的习惯，弄明白很多事没有对错好坏之分，但有其意义。想想老鹰抓兔子，花谢化作泥，这都是生老病死，生离死别，哪有好坏对错？而我们有限的人生，不都为生命的种种经历深深着迷？

当我们宣判某些情绪，是负面情绪，希望它们滚出我们的生活时，容许分身在耳边提醒我们："意义，别错过了它们的意义。"然后，也许我们会发现，情绪不用分正面或负面，只有我们看待这些情绪的态度，有正负之分。我们能够决定用什么态度，这就使我们成为自己情绪的主人了。

放下评断每件事的习惯，弄明白很多事没有对错好坏之分，但有其意义。

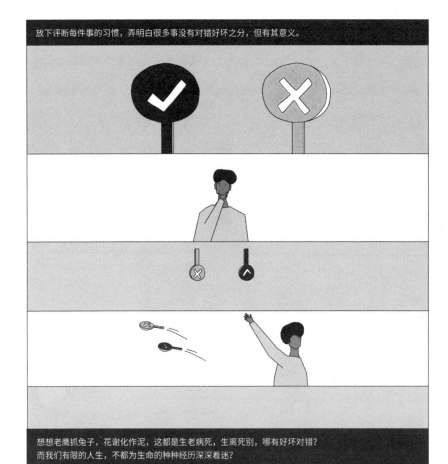

想想老鹰抓兔子，花谢化作泥，这都是生老病死，生离死别，哪有好坏对错？
而我们有限的人生，不都为生命的种种经历深深着迷？

为什么让观众念念不忘、津津乐道的，永远是赚人热泪的悲剧？

17.
悲伤会强迫成长，失去会带来启发

一个人，越能够面对"失去"，就能活得越好。

因为活着，就是不断失去的过程。

一路得到，一路失去。

有办法面对失去的人，会成长。没办法面对失去的人，可能就渐渐枯萎了。

是哪一种被标示为"负面"的情绪，一直含冤莫白地、像艘惹人嫌的小破船那样，载浮载沉地载着我们，度过各种深感失落的灰暗时光呢？

是悲伤。

我朋友跟她爸爸很要好。她爸爸前阵子因病过世了。

我朋友是位明星，唱歌很强。她在爸爸的葬礼上唱了一首歌，非常感人。但当然歌声结束时，现场的我们不能鼓掌，相对于欢呼与鼓掌，人类一直没有发展出适合在悲伤中表达赞赏的方法。我们只能默默地用眼神向她致意。

葬礼结束后，她叫我陪她吃饭。我们边吃边聊葬礼上的一些古怪细节，以及某些来参加葬礼的人的古怪打扮。她吃得非常多，简直狼吞虎咽。

幸好我们躲在一个小包厢里吃，不然实在很值得被人偷偷拍下来放上网，然后定个刻薄的标题："丧父之哀，胃口大开，玉女歌手，化身食怪"之类的。

她也知道自己吃得很猛。

"我越伤心，就越饿。"她说。

"是……身体破了大洞的概念吗？"

她耸耸肩，用茶水就着，咽下一大口包子。

"谁知道……就是很想大吃特吃。"

"可能哭很累吧。"我说。

"真的很累……"她大嚼着猪肚，渐渐眼神变空了。"但，哭不出来，更累……"

说完，还是嚼着猪肚，但眼泪就啪哒啪哒地掉下来了。

有人说，看电影是安全的冒险。电影主角替我们出入枪林弹雨，对抗天灾人祸，我们跷着脚吃爆米花，身临其境地感受着七情六欲、紧张刺激。

不只这些战争片、动作片、恐怖片是我们的安全冒险，其实爱情片、文艺片也是。喜剧的主角替我们丢脸出丑，悲剧的主角替我们生离死别，我们又笑又哭，但毫发无伤地在两小时之后走出戏院，全身而退。

为什么在爱情文艺电影这个类别里，最令人念念不忘、最被影迷津津乐道的，永远是赚人热泪的悲剧，而不是让大家笑着离场的喜剧？《罗密欧与朱丽叶》或《梁山伯与祝英台》，这些有情人最终不能在一起的爱情故事，反而更令我们推崇爱情的力量。

因为，"失去"能带来震撼与启发，而"得到"不能。

经典爱情电影《泰坦尼克号》的结尾，男女主角终究不能在一起。电影中轮船沉没之后，女主角漂浮海中，躺在一片木板上。有观众认真测量了那块木板，发现只要女方调整姿势，木板上就完全可以再多躺一个人，不必让男主角沉没海中。两人的爱情就不必被切断，女主角就不必抱憾终身。

如果真的让两人都躺在木板上获救，也许当下观众会开心地拍拍

活着，就是不断失去的过程。

这些失去，一定会带来某种不安或震撼。
能够由这样的不安或震撼中渐渐恢复知觉，摸索出接下去的方向，这就是生存。

手，觉得编剧导演人真好。但这部电影当然就不会创下票房纪录，主角的恋爱场景也不会成为经典画面。

观众必须受到震撼，见证命运的无情，刻骨铭心地感受到"失去"的打击，电影结束时，才会心神动摇，久久不能自已，然后眼中含泪，回味再三，若有所悟。

我们感受了失去的伤痛，但不必真的遭遇失去，这就是安全的冒险。

透过这类的经验，我们小规模地演习了一下"失去"的滋味。这是我们推崇悲伤故事超过欢乐故事的原因，我们恐惧"失去"，有人成功地带我们参加一次"失去"的模拟考，我们心悦诚服，不但乐意花电影票钱买一场痛哭，而且推荐别人也花钱去戏院哭一场。

我们常常被批评不爱学习。但我们怎么可能不爱学习呢？为了好好活下去，我们抓住每个机会听故事，去想象自身可能遭遇的变故，这就是我们的学习啊。

而所有的变故，几乎都以"失去"展开。

我们每失去一个已经适应的状态，就是开始面对一次人生的变化。失去童年，迈向成年；失去父母庇荫，迈向自己担当的人生；失去稳定的工作，迈向更多选择……

这些失去，一定会带来某种不安或震撼。能够由这样的不安或震撼中渐渐恢复知觉，摸索出接下去的方向，这就是生存。

当我们面对失去，手足无措时，"悲伤"这一叶小舟，默默地出现。

我们被打击到不知能说什么的时候，悲伤也贴心地帮我们准备了眼泪，让我们不开口也能表达情绪，虽然我们对这个安排也不见得领情。

二○一四年，有一个心理学的实验。参加的人被分成两组，主办者用影片去挑动参加者的情绪，第一组人被挑起了愤怒，第二组人被挑起了悲伤。然后，主办方给这两组人各自看同样一份有关百姓福利的公共政策，请这两组人评断。

结果，愤怒的那组人，只会很冲动地、用任性的字眼批评那份政策；而悲伤的那组人，却能安静地逐条研究那份政策，理性地评断其内容。

这个实验是要说明"悲伤"的一个特质——悲伤压迫我们、纠缠我们，逼着我们想脱身，不断地促使我们提出质疑，问出"为什么"以及"怎么办"。

遭逢变故，我们四顾茫然，于是悲伤占据我们的心思，引导我们敲打每面墙壁，找出路。

问"为什么"，会一步一步迈向绝望；
问"怎么办"，比较可能一步一步迈向希望。

18.
少问"为什么"，问"怎么办"

这么多年演化下来，还依然维持在我们身上的，应该都是派得上用场的东西吧。

睫毛还在，肝也还在，各种情绪也还在。各有各的用场。

我推想最早最早的人类，初次遭遇到重大失去的某个情景：

一个原始人妈妈，带着她的八岁小孩，到河边去喝水，正喝着，水里蹿出一条鳄鱼，就把小孩叼走了！

妈妈吓呆了，眼睁睁看着自己的小孩，消失在翻滚的河水中。

妈妈可能为了找回孩子，自己也跳入河中，如果撞上另一条觅食的鳄鱼，那么妈妈也逃不掉，故事结束。

或者，妈妈可能先惊慌地逃离河边，逃到一定的安全距离，再狂喊孩子，看看能不能把孩子喊回身边。孩子若没回来，妈妈只好挨过一段不知多久的时间，然后接受她失去了孩子。

妈妈如果在失去孩子后，也连带失去了活下去的目标，那可能就一直待在野外，直到自己也死掉。故事也就结束。

但妈妈也可能失魂落魄地，终究回到了自己的部落，这就成为她返回原本生活轨道的第一步。

别人看她失魂落魄，一定会问一声，不管是要敦促她出洞去为大家捡些果实回来，还是叫她别呆坐洞口挡住大家的路，反正会问。她就会告诉别人，遭遇了什么事。

别人会因而增加新的见闻，知道从此到河边喝水要防着鳄鱼，不然就会遭遇重大损失很惨很惨。这事也会传到其他部落，于是其他部落也知道了去河边喝水有危险。

这就是"倾诉"与"慰问"，以及"八卦"。

到现在仍是如此，失去的人倾诉，身边的人慰问，其他的人八卦。

人除了倾诉之外，也需要追究事发的原因，这样才能避免类似的状况再发生，不然这个部落的人会越来越少，最后整个部落灭绝。

所以这位妈妈及身边的人，有的人悲伤，有的人恐惧，但都会问"为什么"。为什么发生这样的事？为什么发生在这人身上，而不是那人身上？为什么发生在今天，而不是昨天？

问出了答案，大家就得到了"启发"。

这个启发，可能是知识。比方，鳄鱼出没的时间地点。这个启发，也可能是信念。比方，认为是神明把孩子拿走了。反正各种追问不出道理的事，都必须由神明出面来背黑锅，天灾或疾病，都说不出道理，只能说是苍天神明祖先鬼魂等的意思。这当然也是一种启发，能让人依赖着把日子过下去的，都是启发。

得到启发之后，大家就会接着问"怎么办"。

如果是知识面的启发，答案就是：避开鳄鱼出没的时间地点，或者，做出一个能装水的容器，把河水带回洞里来，减少待在河边喝水的时间。

如果是信念方面的启发，答案就是：以后定期把食物分给神明或祖先，以免他们饿到发脾气，由天上伸出巨掌来硬拿。

这些启发会分别催生出知识、历法、规矩、发明、仪式、宗教。

这就是"失去"所带来的"得到"。生活必须一边失去，一边得到；一边成长，一边迈向死亡。

苦主身边的人比较容易回到生活轨道。但苦主妈妈就很难。妈妈如果有别的小孩必须照料，就会被拉回生活轨道。如果没有别的孩子，妈妈在倾诉完之后，觉得别人的慰问都没用，妈妈问了一连串

就算你很努力，也没办法跳过悲伤。如同树木没办法跳过年轮。它们会沉淀在你的身体里。
如果有人像锯树那样，把你剖开，都还看得见。

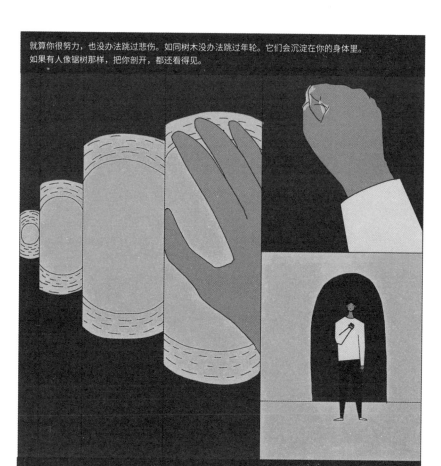

当你一直困在悲伤中，不断问着"为什么"却又始终得不到答案时，试着渐渐地每问一次"为什么"，
就多问一句"怎么办"，每问一次"why"，就多问一句"how"。

"为什么""为什么是我的孩子""为什么发生在我身上",问到的所有

回答都没用,换不回自己的孩子,找不回活下去的理由,那么苦主妈

妈就可能回不去原本生活的轨道。

她可能必须改变一种方式,才能够活下去。她可以离开原本的生

活,去加入别的部落,她可能从此成为专杀鳄鱼的复仇者,游走各地

为大家解决鳄鱼的威胁。

但她也可能既回不去原本的生活,也找不到可以改变的方向,

"倾诉"没用,问"为什么"也得不到答案,她努力了一段时间,还

是绝望,活不下去,渐渐枯萎。

从孩子被鳄鱼叼走的那一刻,到那位妈妈终于返回生活或终于放

弃生活的这一刻,这段时间内,拖住妈妈没有立刻放弃、立刻绝望的

是什么? 是"悲伤"。

既是捆缚之绳,也同时把我们系住,不让我们飘走。

小鹿被狮子抓走之后,小鹿的妈妈会回到原本的生活;小龙虾被

你吃掉之后,小龙虾的妈妈如果本人还没被吃掉,也会回到原本的生

活(或者她可能根本没感觉到她的小龙虾有一只被吃掉了)。

小鹿的妈妈或小龙虾的妈妈,都不需要"悲伤",就可以继续活

下去。

只要你没有记忆，而在照镜子时，也像鹿或龙虾那样，没有能力认知镜中那个就是"自我"，也就是说，只要你从不曾意识到"自我"的存在，另外，如果你也不知道什么叫"意义"，从来没想过要问为什么，那么生活中的各种"失去"就不至于令你故障报废，你是依据本能生存的。

但，只要你有记忆、有自我，而且在乎意义，那么你就需要"悲伤"。

悲伤或者其他不讨喜的情绪，都值得我们认真探讨它们为何始终跟着我们，没有消失。

我们人类比动物多出太多事：音乐、法律、货币、婚姻、公司、医学、网络，都是我们折腾出来的。我们折腾出来了整个文明，引发各种感受，但我们的身体与情绪大致上是很原始的。

这等于是我们不断攻占新城堡、遭遇新武器，却始终用一身旧盔甲来保护我们自己。如果我们还对这身盔甲漫不经心，既不珍惜，又不保养，反而去信奉什么"糊涂是福，认真就输"这些敷衍自己的话，不是故意自误吗？敷衍自己，又能带来什么呢？

"但我好讨厌悲伤。"失去父亲的明星说。她仍然在大吃，但眼泪渐渐停了，眼睛很肿。

我点头。

"我也讨厌悲伤。"我说，"我也讨厌拔牙，我也讨厌手机没电，我也讨厌网络断掉，但这些事都会一直发生。"

她擦擦眼睛。

"为什么悲伤就会哭呀？"她问。

"我问你，婴儿是怎么哭的？婴儿会不会望着远方，默默流泪？"我问。

她扑哧笑出来。

"什么样的婴儿会望着远方默默流泪呀，难道是屈原转世的吗？"她说。

"所以婴儿是怎么哭的？"

"大声哭呀，又喊又哭。"她说。

"我觉得婴儿原本只需要喊就好了，应该是没有要流泪的。婴儿饿了，或者虫子来咬了，要喊人来照料。求救，音量大就够了，流泪没用，不会有人随时盯着婴儿看有没有流泪。山洞内外的大人各自忙碌或打瞌睡，听到声音，才会过来照顾婴儿。"

"那婴儿喊叫就行啦，哭什么？"她问。

"喊久了，口干，伤喉咙，所以把脸部能够调动的液体都调动出来了：口水、鼻涕、眼泪都来了，保持湿润。不然喊太久，喉咙鼻子眼睛都会又紧又干。应该是出于维护的必要，才分泌眼泪的，你想眼泪含这么多盐分，对婴儿来说，如果只流泪而不喊，非但无法求救，反而浪费盐分。"

"所以，先喊，再加上润滑用的鼻涕眼泪，就成了哭。"

"嗯，婴儿不会说话，靠着哭喊来求救。等我们变成大人了，虽然会说话了，但真的悲伤的时候，发现说什么都没用，什么都不想说，但又很想求救，就只好哭喊。但大人比婴儿压抑得多，大部分就只哭不喊了。"

"嗯，如同亨利·詹姆斯（Henry James）写的那句名言……"

然后我们两个一起说了：

"生命中，总是会有即使舒伯特也无言以对的时候。"

那就哭吧。

就算你很努力，也没办法跳过悲伤。如同树木没办法跳过年轮。它们会沉淀在你的身体里。如果有人像锯树那样，把你剖开，都还看得见。

当你一直困在悲伤中，不断问着"为什么"却又始终得不到答案时，试着渐渐地每问一次"为什么"，就多问一句"怎么办"，每问一次"why"，就多问一句"how"。

悲伤中问"为什么"，那是在问老天，问命运，他们都不会回答你的。就算你失去的是爱情或工作，你想问对方为什么，情人或老板的回答，也只会令你更火大、更沮丧、更羞辱、更悲伤。

悲伤中渐渐少问"为什么"，多问"怎么办"，那才可能会听到答案，可以问身边的人，也可以问自己。

问"怎么办"，表示你已经愿意考虑采取行动，而不再只是用发问来发泄情绪了。

问"为什么"，会一步一步迈向绝望；问"怎么办"，比较可能一步一步迈向希望。

失去之后，日子继续，如果能开始想接下来的日子"怎么"过，而不是"为什么还要过"，也许会就此一步一步走出悲伤。

还是一样，如果培养了分身，让你的分身到一年之后张望一下，再回来告诉你，一年后的世界如何，你又看起来如何。想象你的分身拿着你的手机，到一年后，随手拍些照片回来给你看。你会看到世界如常、时间继续，然后你知道你可以随时跨出一步，加入世界。

没什么大不了的，万一跨出一步之后，很难受，格格不入，无非就是再退回悲伤里。也许本来淹到下巴的悲伤，慢慢退到腰部，退到脚踝，不再那么全面地淹没你，你又可以呼吸了。

隧道尽头，一定有光。就算没有光，你也可以想象那个光。

别问"为什么要想象有光"，而是问："怎么想象那个光？"一旦你开始这样问，有一天，你就能够回答你自己。

老是用像爱情片一样诗意的表达方式，
就别感叹都没人了解你。

19.

处理伤心事，
要向战争片或动作片学习

我有一个朋友，是个明星。（"你××的能不能找个不是明星的朋友出来走走？""不行。难得遛明星，多遛几个。"）

我跟她聊天，每次都很痛苦，因为她认为我是最了解她的人，但我其实常常听不懂她要说什么。

她偏好跳跃或诗意的表达方式：

"所以，你一定很恨他吧？"我问。

"你觉得雨滴会想念大海吗？"

或者……

"那我们今天晚上吃泰国菜，好不好？"我问。

"为什么瓢虫要把翅膀藏起来？"

有些人走公主风，有些人走仙女风，有些人走女鬼风。可是不管走什么风，表达情绪，都是为了与对方发展关系或断绝关系，如果老是爱用庙中签诗的模糊方式来表达情绪，那对方就可能收不到你的情绪，你也就不太有资格老是感叹自己不被人了解。

让自己容易被了解，并不会因而显得肤浅。尤其在互传信息盛行的现在，每个人看或听信息，付出的都是扎扎实实的时间，十则长达六十秒的语音信息，就是会耗费别人六百秒的时间来听。

要是在太平盛世也就罢了，但如果在沟通要紧的事，这样把情绪藏在云雾之中，很令对方为难，何况这样表达只是徒增障碍，也没什么乐趣。

害羞与故弄玄虚，是两件事。害羞虽然也常常误事，但那是人类普遍情绪的一种，大家都能体谅。

故弄玄虚的表达方式，比较容易令人感觉这人以自我为中心，在要求世界去摸索揣测。而以自我为中心正是低情商的关键成因。

请放弃故弄玄虚的情绪表达。

我一直不认为"诚实"的核心是"说实话"，我认为"诚实"的核心是"面对事情的本质，而不在乎表象"，"说实话"有时说的只是表象，不是本质。

而故弄玄虚，绕得别人头晕，也绕得自己头晕，怎么还能面对事情的本质？当然也就不诚实了。

能够诚实地面对自己的情绪，才可能诚实地回答自己的提问。

在悲伤中，问了"怎么办"之后，要如何得到答案呢？我的建议是，先分辨这悲伤之中，还掺杂了哪些成分，才能一一安排。

例如，失恋之后情绪低落，悲伤中夹杂着愤怒或厌倦，经过一番自问自答，厘清了情绪中的成分，到底是感觉被抛弃、背叛，还是无奈、倦怠。这样，才可能构想消化这些情绪的做法，是找朋友陪伴、大喝大醉，还是一个人躲起来听五十首疗伤之歌？还是去旅行几天？还是把心情写成一封封不打算寄出的信？

消化情绪需要采取有效的行动，而选择有效行动的依据，是厘清自己的感受。

所以，处理伤心事，别学爱情片里故弄玄虚的表达方式，而要学战争片或动作片里的表达方式。

爱情片，不论悲剧或喜剧，角色说的话一定绕来绕去，耐人寻味但夹缠不清，那是爱情片编剧展现功力的地方。

但我们想要厘清感受，进而对自己下达指令时，朴素准确的表达方式，比较有帮助，像动作片那样——"十一点方向，躲着两个敌人，开枪！"

消化情绪需要采取有效的行动，而选择有效行动的依据，是厘清自己的感受。

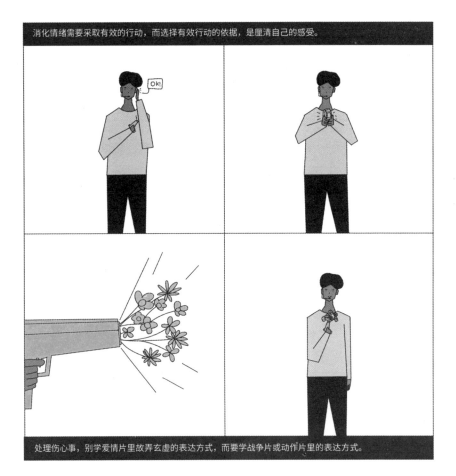

处理伤心事，别学爱情片里故弄玄虚的表达方式，而要学战争片或动作片里的表达方式。

PART 4

负面字眼，其实蕴藏蓬勃生机

如果一味地"安心""安分""安全""安于室"，你对生活还能有什么向往？

20.
别给情绪乱贴红黑标签

所谓"负面情绪"，除了悲伤，另外还有恐惧。

恐惧里面的成分，有"不安"，也有"厌恶"与单纯的"害怕"。就像我喜欢的葱开煨面里面，虽然有我不喜欢的虾米，但味道很丰富。

先讲讲害怕吧。

害怕，使我们避开危险。我们脑中存着远古的警告，使我们不需被蛇咬过，就懂得害怕毒蛇，不需从悬崖摔下去过，就懂得害怕悬崖。

我们也因为害怕痛，而不至于用手去碰火、去捶钉子。

我们其实被"害怕"保护着，小心翼翼地活了下来，平安地长大。

我们不会称呼保护我们的人是"负面"人物，不会希望他们滚出我们的生活。

那我们为什么称呼"害怕"是"负面"情绪，而且许愿"从此再也不会害怕"？

《列子》里有个出名的小故事：有人丢了斧头，怀疑是邻居偷的，越看就越觉得邻居像贼。后来这人找到了掉在野外的斧头，知道错怪了邻居，等他再看到邻居，就越看越觉得邻居是个好人。

我们未经思索，就混乱地给各种情绪乱贴红黑标签，跟这个丢了斧头的人一样任性。

一家店，对店里的所有商品都乱贴标签，你想也知道这店会产生各种管理的问题，很快就倒了。

别给我们的情绪乱贴红黑标签，才谈得上管理情绪。

如果自己先弄清楚这些情绪有多重要，等到有一天要教导小孩时，可以让小孩知道，有些情绪虽然不讨喜，但我们很依赖它们。

如果渐渐不那么讨厌"害怕"的感觉，等于理解了蛇毒中虽有危险的成分，也有能救人的成分。等到有一天面对巨大的"恐惧"时，我们更能辨认这份恐惧当中隐藏的，到底是必须避开的危险，或者，是探索未知的机会。

那个探索未知的机会，来自"恐惧"里的"不安"。

中文里的"不安"很有趣，既是"不安心"，也是"不安分"，甚至是"不安于室"。

这些"不安"的相关词，似乎都不是好字眼，但相信你已经再一次发现：乍看是负面的字眼，可能蕴藏着蓬勃的生机。

如果一味地"安心""安分""安全""安于室"，你对生活还能有什么向往？老话一句，直接被做成木乃伊拿去展览好了。

如果一味的"安心""安分""安全""安于室"，
你对生活还能有什么向往？

探索未知的机会，来自"恐惧"里的"不安"。

"怒"这个字，上半边是
"奴"，下半边是"心"。
这个字的组成，就是一个
最好的提醒："怒"会使
"心被奴役、被控制"。
这是很大的代价。

21.
用冰冻力，冻结熊熊怒火

"我生气的时候，会气到耳鸣、眼冒金星、火烧头皮，整个人像一根人形爆竹，只想用力炸开！"我朋友说。

我朋友在明星里是有名的坏脾气，所以有少数记者缺新闻时，就会想到去招惹他，拿相机逼近他的鼻尖猛闪闪光灯，叫喊一些很没礼貌的问题，大街小巷开车跟着他之类的。他通常不会让这些记者失望，会伸手去抢夺对方的相机，会反击一些粗话，会为了甩掉追车而超速。这样，本来没新闻的淡日子，也就有了当场手工制造的新闻可以填充版面了。

"我生气时，也好想爆炸。只是爆炸过一两次之后，发现事后很难收拾。就像爆竹不但炸了一地碎片，如果炸坏了什么，还要自己动手去重新粘好，要修补与别人之间的裂痕，超麻烦。"我说。

"你不是说，情绪就是情绪，各有各的功能，没有哪种情绪是负面的，只有我们看待这些情绪的心态是负面的？但对我来说，愤怒就是很负面的情绪啊！"他说。

"有些情绪，确实还是很难承受的，也看不出什么功能，像沮丧、绝望，我都觉得很难承受。如果人生就像钨丝细细的电灯泡，那钨丝总有快要烧断的时刻，灯泡也就跟着报销了。人生同样是如此吧，到了再也承受不了的时刻，也就报销了，熄灯了。"

"愤怒，就常常好像会把我的钨丝在几秒钟之内烧断。"他说。

"大家都这样，所以才说'怒火冲天''火大到极点'，愤怒向来是跟火连在一起的。"

"这样愤怒还不算负面情绪？"他问。

"但愤怒是有功能的啊。当我们忽然遭到攻击时，我们如果恐慌，就会闪躲快逃；但我们如果愤怒，肾上腺素急速分泌、肌肉紧张、眼睛耳朵急速变灵敏，进入高度戒备状态，这个状态会逼迫对方更谨慎地评估要不要继续攻击。如果你的愤怒显示为张牙舞爪、脸色血红、低声咆哮，对方觉得再进逼可能会付出很大代价，也许就会知难而退，你就保住了你的骨头。"

"我又不是狗……"

"不过也要看你张牙舞爪的对象是谁啦。如果是狮子老虎，也许会暂时被你吓退，但如果是迅猛龙或是核潜艇，应该就不会鸟你。"

"我是要去哪里招惹迅猛龙和核潜艇啦?!"他苦笑。

"你每次暴怒发完火之后,会懊恼吗?"

"会啊,觉得对事情没什么帮助。会那样想办法激怒我的记者,一旦发现这招对我有效,下次缺新闻了,又会优先想到来招惹我,其实很困扰。"他摇摇头,"双方对阵,我的反应却老是被对方料中,很吃亏。"

"而且发火的那些生理反应,也撑不久。撑太久,心脏吃不消。"我说。

"我的经纪人教过我一些方法,叫我在生气时,不要瞪着对方,要瞪对方身后的柱子或墙壁什么的。"

"应该也有叫你生气时,要立刻数自己的呼吸,深呼吸,然后数数,'一,二,三,四,五'这样。"

"我知道这些建议都很好,可是我的火来得太快了,我火一上来,完全忘记要看柱子看墙壁数呼吸这些事。"他说。

"是有点难,要多练习,没事可以练习数自己的呼吸,大声数出来,多练习很有帮助。"

"你是用这一招吗?"他问。

"我不是,我是在脑子里想冰块。"

"啊?想冰块?什么意思?"

"怒"这个字，上半边是"奴"，下半边是"心"。
这个字的组成，就是一个最好的提醒："怒"会使"心被奴役、被控制"。

用冰冻力，冻结熊熊怒火。

我其实也不知道是怎么开始的，大概是我有几次大发火之后，搞得场面很难看，我发现几十秒的发火，要用几天去收拾对方与我的关系，太麻烦了。

我是个懒惰鬼，很怕麻烦。我提醒自己，以后生气的时候，要找个办法，看看能不能别发那么大的火，烧到理智线断掉。

我一直很喜欢看那些超能力英雄的漫画和电影，也喜欢看《封神演义》及金庸的小说。

这些故事里都有擅长用火的人物，看他们用火对敌时，很过瘾，但我却不曾向往成为用火路线的超能力者，我觉得火烧的力量，会把一切搞得乱七八糟，很容易失控，而且没办法把损害复原。我怕我发作完之后，没的反悔。

这些故事里，使用冰冻的能力者，比用火的少很多，而且通常相对较弱，也比较没效率。用火的往往能大杀四方，用冰的却常常只擅长守备或救援。

但我发现，自己比较想成为用冰的超能力者，一切可以控制，一切只是暂时停止，一切可以复原。

可能也是因为我本来就喜冷怕热吧。连"九阳真经"对上"九阴真经”时，我都偏好比较冷的“九阴真经”。

　　大概是因为这样莫名其妙的潜在偏好，我发现自己生气时，很不喜欢那种浑身被熊熊怒火包覆的感觉，觉得连脑子都快被煮沸，很可怜。于是我异想天开地开始把自己的怒气，想象成冰冻的能力。

　　听起来很幼稚，但我就像漫画里的超能力者那样，一生气就想象四周开始结冰，对方开始结冰，自己也开始结冰。不但有画面，甚至还有音效，一边生气，一边耳朵里还会听见想象出来的“咔嚓咔嚓”的结冰声。

　　当然，一切都是幻想，周遭没有任何东西结冰，但奇妙的是，处于这种怒气中的我，虽然仍臭着脸、咬着牙，但没有了火烧的急迫感，取而代之的是觉得整个人凝固僵硬，关节都不太能动，节奏变慢了。

　　如果面对的是狮子老虎，这样僵在原地，恐怕就是等死。幸好，现在比较少面对狮子老虎，比较常面对的是一起工作、一起生活的人。慢一点才有反应，应该比当场口出恶言好得多。

　　很多位跟我合作过节目的制作人，都形容录制节目之前，我所在的化妆室既安静又阴沉。他们最常用的形容，是说：整个房间，散发着寒气，有点像冷冻尸体的停尸间。

这是因为我准备节目时，一定心中不安，在找所有可能行不通的地方。一旦找到了，很容易就有气。这时气到结冰，确实比气到喷火要有效率得多，整个人冷冰冰地跟制作人寻求解决方案，胜过乱喷怒火、摔本子走人。

有家电影杂志，拟了一份问卷去问十六位好莱坞的顶尖导演，受访者包括斯皮尔伯格与李安。问卷的题目主要是关于拍片现场的工作习惯，例如："会不会放音乐让大家更投入工作？""有没有在拍片现场哭过？"等。其中有一题是："是否曾经在拍片时气到乱摔东西，愤而离开现场？"

我以为这些大导演拍的戏都那么复杂，肯定动不动就现场大怒，而且以他们的地位，就算暴跳如雷、乱爆粗口，应该大家也都会默默承受。没想到十六位导演中，竟然只有一位说他曾经气到摔了东西、离开现场，结果情况很尴尬，片场的工作人员手足无措，竟然没有人上前挽留他。而他走出现场，比较冷静之后，想到当天还有好几场戏的进度要赶，他不可能就这么一走了之，只好摸摸鼻子，自己又走回现场，继续拍摄。

这位大导演说他经历过这次之后，就知道：责任在自己肩上时，生气归生气，但不要太夸张，因为如果没人给台阶下，收拾残局的，终归是自己。

　　而受访的其他十五位导演，对这个问题的回答大都是：生气是免不了的，但何必摔东西走人呢？这样能解决什么？对拍片有什么帮助？

　　显然，如果有足够多要操心的事，也能令怒火变凉。也算是一种传说中的"我没时间发脾气"吧。

　　手边现成的问题已经解决不完，再把自己的愤怒变成又一个新增的问题，岂不是找自己麻烦？

　　"可是，我一点也不喜欢'冰冻'这种能力啊。"我的明星朋友说。

　　我叹了口气。

　　"好吧，那你喜欢什么能力？"

　　"我真的火大的时候，满脑子就只想着'我要杀死你'！怎么办？很神经吧？"他问。

　　我想了一下，开始跟他乱聊我们都看的漫画——《火影忍者》与《JOJO 的奇妙冒险》，那里面都有不少想要靠着某种超能力杀死对方的人。

　　"我可以把我的愤怒，想成对着对方射飞弹吗？"他问。

　　"欸……可以吧，反正只要是够正式的飞弹，就会有几个操作的环节，要输入目标的坐标位置、要确认指令、要按钮，飞弹准备就绪要几秒，要倒数……只要你认真地想象着这些步骤，你就能有好几秒不受你的怒气控制，等到你的飞弹准备就绪，你再回过神来，应该已经比刚才冷静多了。"我说。

我又想到忍者发动忍术之前，要结的手印。

"其实就算只是像火影忍者那样，发动忍术之前，先结手印，诵九字真言'临、兵、斗、者、皆、阵、列、在、前'，等念完也就好几秒过去了。"我陶醉地结着手印。

"那，这几秒当中，对方会不会觉得我蠢毙了？"他问。

"反正你这么帅，被对方拍几张结手印的蠢照，也胜过你去掐对方脖子、踩对方相机吧。"

"有点幼稚啊。"他说。

"是，是有点幼稚。但又怎么样呢？情商，常常是我们在内心跟自己玩的小游戏，小游戏难免幼稚，但对我们的生活能帮大忙。"

"怒"这个字，上半边是"奴"，下半边是"心"。这个字的组成，就是一个最好的提醒："怒"会使"心被奴役、被控制"。这是很大的代价。愤怒是很有力量的情绪，值得我们训练自己，成为能驾驭怒气的主人。

　　你喜欢哪一种超能力？瞬间隐形？还是瞬间飞走？要不要试试看

把你幻想的超能力，安装到你的愤怒上，看看能不能使你摆脱怒火的

控制？

感到自卑时，不要只检讨自身的条件，而不检讨别人评鉴你的标准。那个觉得自己永远不够好的标准，到底是谁定的？

22.
自卑，是来自脑中"理想的我"

没有人不自卑。

差别只在于，你有没有把自卑太当回事。

恰如其分的自卑，是一定要的啊。

我认识这么多以表演为工作的人，他们当中比较被认可的，幸运地得到了"明星"的头衔，再夸张一点，他们会被称为"女神""男神"。

起码我认识的十几位"女神""男神"，没有一个不自卑。

但他们没有把"自卑"当成一块背不动的石头，他们不介意开自己的玩笑，让别人清楚地知道，他们自卑的点在哪里。

当然，我相信他们也深藏了一些严重自卑的事，是没办法拿来开玩笑的。那是他们的地雷，踩到会爆炸。

但即使是藏在他们口袋里的那些自卑，也没有沉重到拖住他们无法起飞，反而可能促使他们更用力地展现自己。

那些石头，一定曾经很重，重到小时候的他们，被拖到举步维艰。但随着自己长高长大，相对地，那些口袋里的石头，就不那么重了。

关键在于：我们要长大，而不是让那些藏在口袋里的石头，越长越大。

我有个朋友，是位明星，也被某些人称为女神什么的。她确实很漂亮，但跟任何漂亮或不漂亮的人一样，她也永远有烦恼。

"我跟他分手了。"她说。

我一边品尝着我的大蒜比萨饼，一边觉得西方食物不太冒烟这件事，实在是缺憾。此刻有人要讲分手的故事，那么桌上的食物就一定要冒烟啊，那就是人间的烟火沧桑啊。

"我以为他对你很好。"我说。

"我跟他在一起，压力好大。"她说，"他所有朋友学历都好高，不是纽约这个大学的博士，就是伦敦那个大学的硕士……"

"你是跟他交往，又不是跟他那些朋友交往。"我说。

"……其实我以前也好想出去念书……"她说。

"你现在很好啊，想念书，将来再找时间出去念就行了吧。"

"……他妈妈也瞧不起我。"她说，"他们那种家庭，觉得我们这种表演的工作，很丢脸。"

"嗯嗯，听起来也就是个人云亦云的太太。你跟他妈妈就互相看不顺眼吧，又怎么样呢？"

"行不通的，时间久了，他一定会被他妈妈和那些朋友影响的。……唉，长大了，很难单纯地谈恋爱了，对不对？"

"你如果加入别人已经玩到一半的游戏，当然就要照别人的规矩。但你也可以开始一盘你自己的游戏啊。恋爱，本来就是一次开始的机会吧。"

在交往中感到自卑，当然很辛苦。

感到自卑时，不要只检讨自身的条件，而不检讨别人评鉴你的标准。如果你只顾着检讨自身的条件，那是检讨不完的。因为只要评鉴的标准有问题，再怎么好的人，也永远不够好。

那个觉得自己永远不够好的标准，到底是谁定的？

恐怕就是我们自己定的。

我们从小不断被鼓励要有梦想，要向伟人看齐，要向往一个精彩的人生。

那个觉得自己永远不够好的标准，到底是谁定的？
恐怕就是我们自己定的。

感受生命的方式，没有标准范本。
如果你以为有标准的范本，那是误会。

这些种子埋在我们的心里，如人所愿的话，会养成一个有意志力的上进者，但也免不了，会同时在这个上进者的心里，树立一个再怎么用力伸手，也永远够不着的完美标准。

这个从小悬挂在我们脑中的完美标准，成为我们一辈子想要做到的"理想的我"。只要跟这个"理想的我"一对照，我们就会发现自己的各种不够好：不够高，不够会赚钱，对人不够热络，皮肤不够白，生的孩子不够杰出，名片上的头衔不够响亮……没完没了。

我们就是不会满足。

人类能生存到现在，靠的就是"不满足"，能弄到多少吃的，就尽量弄到，能控制多少土地，就尽量控制。

其他动物当然也会尽量地吃、尽量繁殖。只是人类的花样多，除了吃与繁殖之外，我们还给自己找了很多任务，每项任务我们都不会感到满足，所以人类远比动物更上进，也远比动物更自卑。

从小藏在脑中的那个"理想的我"，如果迫使我们永远觉得自己不够好，那我们就会同时收到鞭策与自责，鞭策使我们一直努力，自责则终于演化为自卑。

怎么样？我们是不是简直想逼死自己？

不但要努力，还被设定为不能夸奖自己、不能认可自己。

看着在圆轮里不断跑、没完没了地跑着的松鼠，我们会忍不住发噱，直到我们领悟：我们是在看自己。

在关于自卑的故事当中，我最不买账的一个故事，是安徒生的童话《丑小鸭》。丑小鸭从小生活在鸭同伴中，因为和其他小鸭长相不同，而受到排挤。丑小鸭去流浪，也因为没有一技之长，而受到排挤，故事结尾，丑小鸭遇到一群天鹅，却不但没遭受排挤，反而受到欢迎，因为丑小鸭其实根本就是一只天鹅！

呃，第一，长大并不会使一只鸭自动变成鹅，不会使烧鸭变成烧鹅，也不会使丑小鸭变成大天鹅。丑小鸭长大，只会成为丑大鸭。第二，如果故事是一只小鸭，从小长在天鹅群里而受到排挤，后来终于回到鸭群得到接纳，这样起码有"我不是异类，我只是从小没找对组织"的寓意。但丑小鸭长大才"发现"自己是天鹅，这纯属运气好、背景硬、血统强。这故事安慰不了人。

快被自卑拖垮的人，怎么办？

我的建议是：把"理想的我"这四个字，去掉一半，它只是"理想"，不是"我"。

然后，把真的"我"组装齐全——主要是把"我的缺点"都组装进来。

真的"我"就跟炸鸡是一样有优点也必有缺点的，要又香又脆，那就一定同时有这么多脂肪。要享受小狗的可爱，那也就要准备好塑料袋亲手捡小狗拉的屎。

我们是完整的人，不是超级市场里去了骨的肉片，我们有优点也有缺点，而且很可能缺点远多过优点。

我们就只是我们自己，不是高科技中心研发出来完成特定任务的机器人。

我们来活这一遭，是来感受生命，不是被派来参加奥运或月入四十万的。如果我们在感受生命的同时，发现参加奥运或月入四十万，能令我们更强烈地感受生命，那我们就往这样的方向努力。但如果吸引我们的，不是奥运金牌，不是四十万月薪，而是把别人打扮漂亮，或是想办法把海水变成可饮的淡水，那我们就往那样的方向努力。

我们脑中的那个"理想的我",天晓得是小时候哪部动画或是哪个长辈,无意中塞进我们脑子里的。那很可能是"异物",会引起身体排斥的。

面对这样莫名寄居体内的异物,不去检讨它,反而以它为标准,检讨我们自己,这当然不是"爱自己",也不是"做自己"。这叫"接案子""出任务",它是合约上的甲方,我们是乙方。完成不了的话要不要赔款?还是切腹?

也许有人担心,万一抛开了脑中这个"理想",而真的"我",却只想终日躺在床上追剧吃零食,难道也可以吗?

唔,这不关我的事。我既没资格,也没兴趣评断别人感受生命的方式。只要那人的方式不伤害别人,那我就与那人相安无事。

如果躺床上追剧吃零食,能够深刻地感受到生命,或者,是那人尽力判断之后,为自己决定的感受生命的方式,就没道理逼迫那人去赚四十万月薪或研究海水变淡水啊。

如果躺床上追剧吃零食,是那人某阶段的生活方式,那人这样活到四十五岁,忽然接收到所追之剧,所吃之食或所卧之床的启发,而一跃下床写出了空前出色的剧本、或是调配出空前美味的零食,或者构想出空前舒适的床垫……谁知道呢?

谁知道那个人会不会四十四岁就死了，于是那人是否四十五岁会跃下床，永远没人能推断。或者，那人要八十岁才一跃下床，人称本世纪的姜子牙，又有谁会知道呢?

反正，感受生命的方式，没有标准范本。如果你以为有标准的范本，那是误会。

既然没有标准范本，就不那么容易自卑了。我们还是可以常常自我检讨，但那是根据自己的目标，而检讨我们的活法，检讨那是不是我们能替自己选出的、最能感受生命的活法。

那是以"做自己"为标准，而不是以"完美理想"为标准的自我检讨。基于这样的检讨而产生的不满，是有方向的不满，而不再是莫名的自卑了。

我的女神级明星朋友，如果为了感受生命，而觉得没有出去求学是一个缺憾，她就会为了"做自己"，去弥补这个缺憾，但不是因为不相干的人，用他们设定的评鉴标准来压迫，而感受到自卑。

自卑，是"做自己"的绊脚石，别再把这石头放在自己的口袋里了。

丑大鸭自有丑大鸭的生命感受，不必得到天鹅们的了解或认同。

我们以为，我们最懂自己，但当然不是这样。我们熟悉的，只是我们曾经出现过的模样、曾经有过的反应。

23.
有助于"享受生命"的情绪，都很珍贵

我当然喜欢开心，但我不再像小时候那么推崇开心了。

心灵细致但不开心，或是，心灵粗糙而开心，我一定选心灵细致。

开心有时挺廉价的，无助于享受生命。

我有限的经验里，有助于享受生命的，是"乐趣""喜悦""宁静""完成事情的成就感"。

比较起来，"开心"没有那么重要。

你可能注意到我避开了"快乐"这个词。我暂时不讨论"快乐"或"幸福"，因为每个人都有自己的方式界定"快乐"与"幸福"。

"快乐"与"幸福"，可能是刚刚那些"乐趣"加"喜悦"加"宁静"加"成就感"的、不同比重的组合。

其中成分，如果有助于"享受生命"，就很珍贵。

至于"悲伤""恐惧""后悔"这些不讨喜的情绪，绝对有助于我们体会生命，但有时会妨碍我们享受生命。

对于"是否有助于享受生命"这个标准，如果你也点头认可的话，以后可以用这个标准，来衡量你最珍视哪些情绪。

附带一提，我觉得中文的讣闻里"享年多少岁"的句法，真是美好。并不只是"活了"多少岁，而是"享"年，"享受"了这些年的生命。

如果能够享受生命，那么死亡也就只是一趟值得的旅程在最后一定会出现的终点。

"我很沮丧。"她说，"我唱歌根本很难听，欺骗世界的难听。"

我朋友，明星，有气质，会创作，但歌声真的就很普通。

"你有沮丧到不想活吗？"我问。

她愣了一下。

"沮丧而已啊，没有不想活。"她说，"你曾经沮丧到不想活吗？"

"很久没有了，但读中学时，常常不想活。"我说。

"那你怎么还在这里？"她恶作剧地看着我。

"因为我唱歌比你好听吧。"我说。

说完，我们一起大笑。

她倒下，瘫在地毯上，缩成胎儿的姿势，闭上眼。

"这是我的沮丧姿势。"她说。

"看起来还挺舒服的。"

"嗯，只是会一躺就再也不想爬起来。觉得起来好麻烦。"

我用手去探她的鼻息，她被我吓一跳。

"你干吗?！"

"你还在呼吸。"我说。

"废话，不呼吸也很麻烦的。"她说。

"你这样能算是沮丧吗? 我觉得你是在休息吧。"

"是吧。"她把头埋在胸口，"沮丧就是休息啊，活着这么累，需要多休息。"

我一点也不喜欢沮丧。虽然说每种情绪都有它存在的必要，不该冤枉它们是负面情绪，但我还是没办法喜欢沮丧。

听了她的说法之后，我默默蜷起身子，窝在她旁边，躺着。

我试着停止呼吸，果然停止呼吸太吃力了，还是乖乖呼吸比较

我觉得中文的讣闻里"享年多少岁"的句法，真是美好。
并不只是"活了"多少岁，而是"享"年，"享受"了这些年的生命。

如果能够享受生命，那么死亡也就只是一趟值得的旅程在最后一定会出现的终点。

省事。

可以顺着她的意思这样说吗？休息，是愉快的休息；而沮丧，是不愉快的休息……

姑且接受这个说法吧。不然一直想，挺累的。

当我们面临各种挑战、遭遇巨大的引诱或损失时，都会有某个陌生的面相出现。

24.
你有很多个面相，
保证你自己也不知道

"我们电影拍完了，昨天晚上剧组喝杀青酒，我竟然当众大哭！"
他说。

我朋友，电影演员。电影拍完，通常剧组会办个杀青酒会，大家留个纪念，也发泄一下拍片期间的压力。如果拍摄时有过什么不愉快，也可以借酒遮脸，一笑泯恩仇。

"喝杀青酒时，很多人都会哭啊，跟毕业典礼一样吧。"我说。

"可是我根本超级讨厌这个剧组的啊！我每天去拍戏都好像要去看牙医一样！"

"那你还哭什么？"

"大家都哭了，我就也忽然很想哭。结果我哭得比谁都惨，我最讨厌的那个灯光师，竟然还过来安慰我。"

"Kitsch……"我想到了这个字。

"什么？ Kitsch？'刻奇'？"他照着发音，把这个字的中文，念成了"刻奇"。

是，"刻奇"，一种会发生在我们身上的情绪，发生后，我们会觉得哪里怪怪的，觉得自己明明并没有那种感觉，但当下却忍不住顺随着大家、顺随着现场气氛，而流露出了很逼真的强烈情绪。

这个经过别人催生之后，不由自主冒出来的情绪，有时候会表现得很夸张，有时候甚至根本是似真却假的情绪。例如：明明不好笑的画面，我们却受到大家感染而大笑。明明不那么在乎球赛结果，却因为现场震耳欲聋的加油声，而加入大家一起变得激动无比、声嘶力竭、面红耳赤。

我念小学时，被指派为毕业生的致辞代表，要在毕业典礼上代表毕业生，讲一段好几分钟的演讲，感谢学校的栽培之恩。

当时训练我演讲的老师告诉我，每一届的毕业生代表致辞，都是那一年典礼的最高潮，在场师生全都哭成一团。

我当时听到此事，真是头皮发麻，要我讲五分钟的话，能够让几千人同声一哭，这到底是什么样的演讲？难道要讲出诸葛亮的《出师表》？

训练老师并没有说，如果我上台演讲的时候，很冷场，没有半个人哭的话，我会不会当场被拖出去让大家用石头丢，但我光用想的就感到莫大的压力。

毕业典礼终于来了，轮到我上台时，我头脑一片空白，才讲一分钟，就"嗡"的一声，完全忘记了稿子，我到现在依然记得，当时的我拼命维持住煽情的声调，但内容根本就云山雾绕，把想得到的诗词歌赋、风花雪月，全部七拼八凑地胡讲一通。

接下来，妙事发生了。校长大人首先拿出了她的手帕，开始擦拭眼角，接着整个会场此起彼落地响起吸鼻子的声响。我惊魂渐定、三魂回来了两魂，渐渐想起了稿子，终于回到正轨，有惊无险地把稿子给讲完了。最好笑的是训练我的老师，竟也哭成了泪人，完全没听出来我中间把稿子讲到去南极跟北极各绕了一圈才又回来。

我自己当时也差点脱水，不是流泪，而是汗流浃背。我后来才在越来越多场合体会到：情境可以催眠个人，群众可以感染个人，礼俗也可以绑架个人，在这些状况下，"刻奇"这样的情绪都会出现。

搞笑节目的罐头笑声、煽情节目的现场观众流泪特写、网上看节

"做自己"这事，大概没办法像开着导航系统那样精准，只能一边摸索不断变化的内在，一边像画油画那样、东一笔西一笔地添补修改。

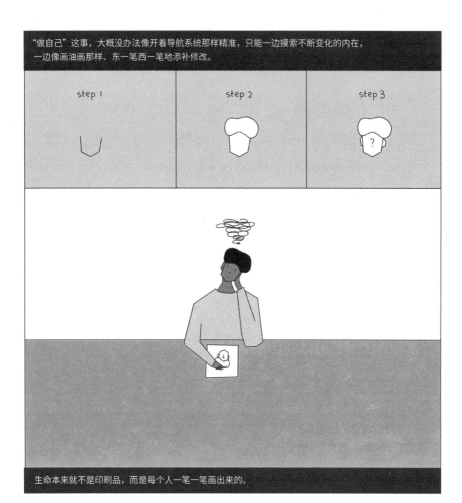

生命本来就不是印刷品，而是每个人一笔一笔画出来的。

目时密集弹幕的恶毒嘲骂，都能使独自在房里的我们，跟着傻笑或感动或嘲骂。

如果当下有人把我们的表情偷拍下来，事后放给我们看，我们应该会觉得那模样可真不像我们心目中有主见的自己。

我朋友家，整面墙贴满了镜子，我每次在他家看电视，不管是看恐怖片还是喜剧片，中间稍有闪神，目光一移，由电视荧屏无意间转到镜子时，就会看到我自己被吓到张嘴或被逗到嘻嘻呆笑的蠢样。

这种时刻，我总是不禁一愣，看着镜中的自己，默默想着："这呆子是谁呀？"

我们以为，我们最懂自己，但当然不是这样。

我们熟悉的，只是我们曾经出现过的模样、曾经有过的反应。而只要是还没有经历过，或是经历过但我们不想承认、不想记得的，我们就会对自己感到陌生。

当我们面临各种挑战、身处各种大型活动、遭遇巨大的引诱或损失时，都会有某个陌生的面相出现。而"刻奇"的我们，只是其中一种面相而已。

所以，说起"做自己"这事嘛，大概没办法像开着导航系统那样，精准地这边左转那边右转地做自己，只能一边摸索不断变化的内在，一边像画油画那样东一笔西一笔地添补修改着。

生命本来就不是印刷品，而是每个人一笔一笔画出来的。

后悔是遗憾与惋惜，是
"但愿如此"，是"早知
道⋯⋯就好了"。
后悔是"如果有下一次，
有下一个人，我会做得不
一样"。
后悔提供我们校对人生方
向的动力与机会。

25.
后悔，驱使你活出更好的人生

西方的鬼片，如果是以天主教、基督教为基础，那么故事中出现的就是"魔鬼"，魔鬼在东方鬼片中很少见，东方鬼片的鬼，是冤魂，不是魔鬼。

如果你看西方鬼片出现驱魔的情节，驱魔者一定锲而不舍地追问这个魔鬼的名字。

附在某个无辜者身上的魔鬼，总是会用唱片转速出问题的嘶哑吼鸣，对驱魔者发出粗鲁的诅咒，不过几个回合下来，魔鬼终究会透露名字，驱魔者一知道了名字，就能呼喊其名，驱退魔鬼。

对于我们的情绪，我们如果能认出它们的名字，而不要人云亦云地、错误地称呼它们，我们就迈出了第一步，可以渐渐熟悉自己的各种情绪，知道它们由哪里来，可以把它们放到哪里去。

"我曾经完全失控地臭骂过我爷爷一次。"她说。

她是我朋友，一个明星，平常温柔有礼，没想到也能做出臭骂爷爷这种事。

"我猜猜看……是你爷爷欺负了你奶奶？"

"不是这样的事啦。"她说。

她吃着意大利面，但她点的是整盘淌着黑汁的墨鱼面，理所当然，牙齿与舌头都黑了，活像被毒死之后来申诉的冤鬼。

"你牙齿和舌头都黑了。"我说。

"我知道。所以只能在你面前吃墨鱼面呀。总不能在其他人面前变成这副德行。"

"你是爷爷奶奶带大的？"

她点点头。

"所以臭骂爷爷那一次，我自己也吓到。"她说。

"后来有跟他道歉吗？"

她摇摇头。

"我一直不知该怎么道歉，拖了两年，一直假装没发生过这件事。然后我爷爷就死了，我很后悔。"

她停下了叉子，低眼望着盘中。

"那次为什么会痛骂爷爷呀？"

"那时候爷爷跟奶奶身体都不好，我当时收入也很少，想尽办法存了些钱，要给他们看病用的。我拿钱去给奶奶的时候，奶奶说爷爷一直担心手边钱不够，刚好爷爷有朋友，说拿到几件转手就可以赚几倍的古董，要让给爷爷来买，让爷爷可以赚一笔。"

"哎，骗人的吧，转手就能赚几倍的事，谁会平白让给别人来赚？"

"对吧，这是常识吧。可是我知道爷爷一直很羡慕别人靠古董赚了大钱，我生怕他上当，赶快去找他，要当面提醒一番。果然一见面，爷爷就兴奋地拿出四五张古董的照片给我看。我根本看不懂，就是些铜器什么的。说是刚挖出来的。"

"嗯嗯，这话倒可能是真的，前天先埋下去，昨天再挖出来，确实是刚挖出来的没错。"

"我反正一再警告爷爷别上当，之后我就去外地工作了，有天接到奶奶电话，说爷爷还是把钱都拿去买了那些古董，现在怎么卖都卖不掉，看病的钱全没了。这下气得我立刻从拍戏的地点杀回老家去，臭骂了爷爷一顿，爷爷就坐在那儿发着呆，让我骂。我骂完也不知如何收场，剧组也只准假一天，只好掉头又赶回去拍戏了。"

"我也做过差不多的事，现在想来，也很后悔。"我说。

"人生如果可以没有后悔，有多好。"她说。

"唉……可是，如果真的没有后悔，人生就没办法前进了吧。"

人生就是不断地选择，但只要选了一边，就会后悔怎么没选另外一边。

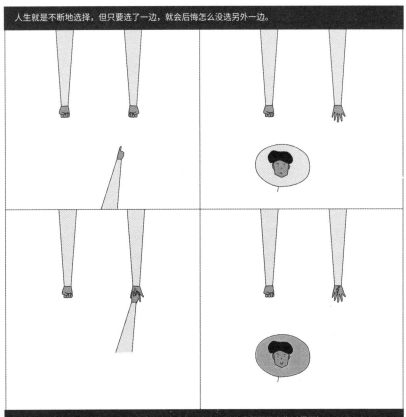

我们一边后悔，一边活下去，因为后悔形成动力与方向，驱使我们要把人生过得更好。
后悔提供我们校对人生方向的动力与机会。

写过《人间词话》的王国维，有两句诗："人生过处唯存悔，知识增时只益疑。"

这两句诗也许读起来像感叹，但我觉得是对真相的叙述。

"知识增时只益疑"，有疑才会有知识，我们这一路累积了多少知识，就累积了多少疑惑。越多疑惑就驱使我们发现越多知识，一旦没有了疑惑，怎么可能还会想求知？一旦没有了疑惑，牛顿之后怎会有爱因斯坦？爱因斯坦之后怎会有霍金？

"人生过处唯存悔"其实是一样的逻辑。人生就是不断地选择，但只要选了一边，就会后悔怎么没选另外一边。我们一边后悔，一边活下去，因为后悔形成动力与方向，驱使我们要把人生过得更好。

后悔不是绝望。后悔比绝望多了一样宝贵的成分——"后悔"里面，有"希望"。

后悔是遗憾与惋惜，是"但愿如此"，是"早知道……就好了"。

后悔是"如果有下一次，有下一个人，我会做得不一样"。

后悔提供我们校对人生方向的动力与机会。

我们感到抱歉的对象，也许是爷爷，也许是同学，都可能再也遇不到，这造成了我们分内本来就应该体会的、适量的后悔。反刍

着这后悔的滋味，促使我们珍惜之后所遇的人，这是"逝者已矣，
来者可追"。

许下"人生再也没有后悔"这样的愿望，万一愿望成真，我们损
失可大了；我们会对接下去的方向茫然。

后悔，一直也被当成负面情绪。但我们需要这个情绪，我们只是
一直用负面的态度看待它，把它冤枉成了负面情绪。

求神，要喊对神之名；驱魔，要喊对魔之名，不然正面的神或负
面的魔，一律都喊不动的。

别把我们依赖的情绪，不断标上可憎之名。这是了解我们自己的
一把钥匙。

空虚感偶尔就是会飘然而至，在我们头顶上盘旋，我们充其量只能赶走空虚感，但没办法让它消失、永不出现。
因为人生本来就有它空虚的一面。

26.
召唤力量、驱赶"空虚"的神奇咒语

在《哈利·波特》的故事里，那些穿着帽兜破袍、脸如黑洞的摄魂怪，到底是什么？

电影里拍他们能把对方的灵魂吸走。被吸走灵魂的人，变得浑浑噩噩。

那是什么情绪？什么情绪会造成这样的后果？

不是沮丧，沮丧会使我们浑身无力、心灰意懒，但不会使我们浑浑噩噩。也不是痛苦，痛苦有时反而刺激我们爆发、蛮横、胡乱挣扎。

会把灵魂抽走，使我们浑噩的，是空虚感。

"活着真无聊。"我朋友说。这朋友是位明星，成名甚早，因为是童星出道，九岁就已经尝到名利滋味。她长大之后，渐渐不那么红了，但也无法再适应无名无利的生活，于是卡住，常觉无聊。

"有时候是挺无聊的。"我说。

"那你怎么还愿意做那么多事？"她问。

"因为，无聊并不有趣啊，无聊不吸引我。"我说。"我只是觉得做事比较有趣，动手做，才有机会把事情完成，就算是洗个碗、种朵花都好，起码比无聊有趣多了。"

"你这句话根本是废话啊。我就是觉得做任何事都无趣，才会这么无聊，不是吗？"

"你做了世界上所有的事吗？你造过火箭了？喂过熊猫了？抓过鬼了？出过家了？"我问。

"当然没有，怎么可能？！"

"所以你不能说'做任何事'都无趣啊。你只是还没做到那件你会觉得有趣的事。"

"喊，那万一我忙了一辈子，这也做，那也做，结果还是没找到呢？"她说。

"那起码你也就活过了一辈子了，不是吗？也许做的事情无趣，但却因此去了有趣的地方，遇到了有趣的人？"我说。"万一真给你找到有趣的人地事物，不就赚到了？"

很多人都想要乐趣，但很少人认真去找他的乐趣会从哪里来。

就算不用我们动手，有人喂给我们吃，我们起码也得动嘴咀嚼，才尝得出味道吧。只想被灌食的话，再美味也尝不出的。

在我们的所有感觉当中，空虚感的摧毁力最强，也就难怪《哈利·波特》里的摄魂怪们，令正反派的人物都避之唯恐不及。

即使最大魔王伏地魔，都可以被摧毁，但摄魂怪们，却只能被驱赶，不能被摧毁，他们会一直存在。而且说穿了，他们不见得是看守监狱的狱卒，而是倒过来——他们在哪里，哪里就会成为监狱。

对人生来说，空虚感就是如此——空虚感偶尔就是会飘然而至，在我们头顶上盘旋，我们充其量只能赶走空虚感，但没办法让它消失、永不出现。

因为人生本来就有它空虚的一面。

只要我们一出生，就注定了终点是死亡，就算我们想把脸转开，把头连转七百二十度，也躲不掉这个事实。

我们一定会死，这是人生空虚感的最大来源，也是人生意义的最

空虚感偶尔就是会飘然而至，在我们头顶上盘旋，我们充其量只能赶走空虚感，
但没办法让它消失、永不出现。

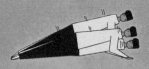

乐趣与责任感，是赶走空虚感的重要咒语。

大来源。

好奇妙，对不对？

"怎么想都觉得人生没有意义，但只要一想到会死，忽然就一切都有了意义。"

三不五时地感到空虚，在我看来是必须的。对任何事都从不怀疑，整个人像坦克车那样往前直冲，有屎碾屎、有乌龟碾乌龟的人，也许存在，但绝对不会是我能当朋友的人。

坦克车不需要自我，空虚感带来的怀疑，对坦克车没用，但人类要怀疑才会思索，思索才会找到自我。有"自我"，是人与坦克车，以及人与仙人掌或小龙虾或其他物种的根本区别。

可以参考哈利·波特的做法，培养出一个不同时空的自己，站在湖的彼岸。当这个波特快被摄魂怪把灵魂吸光的时候，彼岸来自另一时空的波特见势不妙，挥起魔杖，召唤了力量，赶走了敌人，救了这个几乎成为行尸走肉的自己。

空虚感当然是可以被赶走的，如果你愿意费心看看你人生的这两部分：你成全了什么，以及，你参与了什么。

先别管你的压力、你的任务、你的付出、你的收获。也就是说，先别把自己当成主角。

先让自己当配角，或者，当观众。

很多时候，空虚感来自：努力了却毫无回报，念了书还是考不好，磕头了却还是没业绩，奉献所有却还是得不到爱。

努力都白费，一场空，顿觉百无聊赖、不如睡觉。

依照本能，我们把自己当成生活的主角，但想也知道，生活如果是舞台，我们不可能一直是主角。

主角自然有当主角的期望，要掌声、要酬劳、要灯光、要票房，如果这些都没得到，主角会瞬间百无聊赖，觉得白忙一场。

但如果当配角、当临时演员、当观众，着眼的地方自然不同。只要暂时不当主角，就能置身事外。

我有时候不主持典礼，却愿意去典礼中颁奖，一方面是表示支持，另一方面是想在后台看看大家各自忙些什么，布景如何，表演节目如何，观众席中大家表情如何，我既不用主控现场，也不担心典礼节奏，说白了就是去后台嗑瓜子看看戏再帮一点忙。只有透过这样，我才知道平常自己埋头工作时，别人参与了什么，别人成全了什么。

没有人是不可替代的。很多事，不是我们创造的，我们只是参与、只是成全。

别人创造了一个餐厅，你去消费，吃了他们的菜，添了他们的人气，你没有创造，但你参与了，也成全了这家餐厅。

当我们认知自己不是主角，而是参与及成全的人，我们比较容易把目光放在过程，放在大家成全出来的成果上，而不是放在个人收获上。

我们来试试这个做法：

关于空虚感最有名的故事，是神话人物西西弗斯（Sisyphus）的故事。

在古希腊神话里，西西弗斯得罪了众神，于是众神罚他推大石头，这个刑罚又累又狠，狠在设计刑罚的用心，众神让西西弗斯推的不是一块又一块的大石，而是每天重复地推同一块大石。

每天，西西弗斯费尽力气，把这块大石推到了山顶，大石就一定再滚下山来，回到原位，等着第二天西西弗斯再推一次。日复一日，永无休止。

后来的作家加缪（Albert Camus）深深感到这位西西弗斯的处境，就是我们大家生而为人的处境，日复一日，被逼着做同样的事，最后也无非是死，重来多少遍都是一样。加缪借这故事揭露人生的荒谬，主张必须去掉所有粉饰太平的所谓人生目标，或是对光明未来的廉价允诺，要硬碰硬地直接面对最原始的生命面貌。加缪的用词是："世人终将找到荒谬之酒、疏离之食，来养成自身的伟大。"

我跟加缪想的不一样，我不想硬碰硬，我也不那么向往作为人的伟大。我只想找到办法，与空虚感融洽地相处下去。

即使是推石头的西西弗斯，我也一样会建议他可以感觉一下他所参与及成全的这一切。

以推石头来说，就算有生之年，每天推的是不同的石头，也如同愚公移山，没办法以一人之力，就推动足够的石头，在山顶堆出一座城堡。

我们上学时，被逼着日复一日地背书、考试，背书、考试，终于有一天毕业了，不用再应付考试了，所有硬背的课本内容，不论是数学公式，还是化学元素表，也都由脑袋中清空，一分不剩。或者，为了买房子，日复一日去上班，领到的薪水都拿去交贷款，终于有一天贷款交清，不用再为了薪水上班，也到了退休的年纪，房子要给小孩了。

这都是西西弗斯的处境。站在个人收获来看，确实荒诞且空虚。但如果能把目光放在"参与了什么"及"成全了什么"来看，感觉会很不同。

上学的过程，学到了关于友谊、荣誉、自尊、群体生活等种种足以让我们探索自己的事；上班的过程，感受到了家庭的变化、时间的逝去、跟同事的合作或不合，更懂了人心与世界，也仍然学到了种种足以供我们探索自己的事。

即使不是主角的时刻，我们仍然生活着。西西弗斯确实每天只是推同一块石头，但季节在变化，上坡下坡的沿路各有植物动物生老病死，他踩过的步伐可能松动了土壤，令土中生物滋长，他每天的移动可能携带了种子，令植物得以散布到远方。

每天在同一条路线上往返的地铁驾驶员，每天到课堂上教同一门课程的老师，每天为家人煮饭洗衣的主妇，如果他们都只盯着手上在做的那一件事，那么日复一日的荒诞感，难免令当事人感到疏离与空虚。

但如果他们能看到沿路所参与的别人的人生、所成全的别人的人生，感觉就会不一样。

乐趣或者责任感，就是在这样日复一日的生活中出现的。

而乐趣与责任感，正是召唤力量、驱赶空虚的神奇咒语啊。

对应于西西弗斯推石头的故事，我想讲一个少年挑水的故事。这故事是我在一位日本和尚的书里看到的：

有个少年每天要为庙里挑水，爬很远的山路，担着庙里的两个大木桶去挑水。一个木桶坚固，但另一个木桶破旧有缝，老是漏水。每天少年辛苦把水挑回庙里，一桶水完整，另一桶水则漏到只剩一半。

少年挑了几个月的水，有一天坐下休息时，漏水的木桶很内疚地对少年道歉："都是我不好，害你每天花一样的力气，却只能保住半桶水，我真没用，比那个坚固的木桶差太多了，对不起。"

少年听了大笑，抱起这个木桶，带它去看沿路的景象。少年告诉这个漏水的木桶：

"你不用对我道歉，反而是我要替大家谢谢你。你看我们每天沿路漏出来的水，让这么多本来长不大的小花小草，都长得这么好啊。"

　　好啦，我猜庙里的和尚们水不够喝的时候，可能未必会感谢这个漏水的木桶，但应该还是会对少年的想法点头赞许吧。

　　同一条山路上，我们可以既是推石的西西弗斯，也是赏花的挑水少年，有时挫败空虚，有时拈花微笑。

　　我有一阵子迷上一个游戏，本来循规蹈矩，由基层开始，一关一关往上打，但眼看身边的朋友，级数都比我高、战力与装备都远胜于我，令我非常不耐。

　　结果其中一个朋友，不想玩他的账号了，他的账号的一切条件，都是我再打半年也追不上的。当时我手上有一双厂商送的限量球鞋，据说很难买到，结果他就提议拿他的游戏账号，跟我交换那双球鞋，我立刻就答应了。

　　拿到他的账号之后，我在游戏中瞬间横行无阻、所向披靡，但玩了三天，我就感到索然无味。

　　我跳过了麻烦的过程，捡了一个现成，但也就是因为如此，玩起来特别没劲，所有的战果与炫目的人物造型，感觉都与我无关，我仿佛只是在代替别人打这个游戏，既没了乐趣，也没了责任感。

　　后来我就放弃了这个交换得来的账号，回头去玩我那个配备又差、战力又低的初级玩家账号了。起码那里面有奋斗的乐趣，也有对游戏角色的责任感。

乐趣与责任感，是赶走空虚感的重要咒语，这两样东西，未必来自明确的人生目标，而更可能来自不可预料的过程，来自我们参与或成全的，别人的人生。

至于人生最终极的空虚，关于人类活在这个宇宙中小小的寂寞星球上，到底有没有意义这件事，据我所知，很难会有令你完全放心又服气的答案。

如果此生找不到意义，那么宗教上承诺的来生，也就同样找不到意义，因为找不到意义的事，不会因为做两遍就忽然找到了意义。

如果你自己的人生找不到意义，那么你再怎么把自己的人生奉献给他人，也还是找不到意义，因为他人的人生，并不会比你的人生更容易找到意义。

这些都是哲学讨论了很久的事，越讨论恐怕越空虚。但若你愿意把目光转开，也许你会发现：乐趣与责任感，倒都挺扎实的。

能尝到乐趣或身负责任的人，一定常常大喊"好累呀，快累死了！"但很少会呢喃"真无聊啊，真空虚呀。"

如果我们感受到了自己日复一日在推石头，想一下，也许推石头只是我们生活的方式，而不是我们乐趣与责任感的来源。

至于有没有人，已经彻底被空虚感击垮，而对任何寻找乐趣或建立责任感的机会，都提不起劲了呢？我知道确实有这样的人，且大有人在。

只是那个人不是你，因为你还提得起劲翻看这篇文字，你的身与心，都比你以为的更不肯放弃，还是在期待、在探寻值得你体会的乐趣与责任。

我们都曾经是小孩子。在当小孩的阶段，我们没能力靠自己创造出什么，我们很多"要做科学家""要当公主"之类的梦想，也都只是被灌输得来的。但这样的我们，其实以非常关键的位置，"参与"了父母家人的生活，"成全"了父母家人的生活。靠着这样的参与及成全，我们在小孩阶段，多半也得到了当时的乐趣，培养了当时的责任感。

那时我们还小，不会苛求自己，于是"空虚感"也无从为难我们。

现在虽然长大了，我们还是可以别苛求自己，如同儿时。

我们现在怀抱的那些达不到的雄心壮志，其实可能很像儿时那些"要做科学家""要当公主"的绮梦幻想，依然是被灌输的。

我们该费心探寻我们内心真正想过的生活，而不是盲目追随外界的标准，来苛求我们自己，一旦做不到，就感到空虚，这样太为难我们自己了。

友直、友谅、友多闻，其实就是友这个广阔的世界。

有一晚深夜，一场欧洲的足球赛，在网上现场直播，我有两个爱看足球赛的朋友，都是明星，而且都是混血儿，其中一个有混到德国血统，另一个有混到意大利血统。

　　他们一个支持德国队，一个支持意大利队。

　　整晚我的手机，不断收到他们各自传来的信息，一个不断跟我骂裁判多么偏心意大利队，另一个不断跟我骂裁判多么偏心德国队。

　　我烦到不行，最后忍不住把他们双方的信息截图下来，传给另一方看。

　　"同一场球赛，哪有可能一个裁判同时偏心两边的球队?！你们看看你们自己的发言，合理吗?！"我发了这样的信息给双方。

　　过了几秒，他们同时回了我信息。难得的是，这次他们传来的信息，内容竟然达成一致了!

　　"看球赛嘛，为什么要合理?！"

我们以为自己凭客观线索所做的判断，往往只是我们一厢情愿的主观想法，所以才会有两边的球迷都在抱怨裁判偏心敌队的奇特现象。

得过诺贝尔奖的经济学家西蒙（Herbert Simon），以及心理学家布罗德本特（D. Broadbent），都各自做了研究，证明人的理性是有限的，叫作"有限理性"理论。意思是我们判断事情之前，虽然会搜集线索，可是我们搜集的能力有限，脑容量也有限，就会在所有线索中，优先选择那些我们一听就认同、一看就顺眼的线索，然后依据这些线索做出来的判断，当然也就只会符合自己的偏好了。

一直看同类的戏剧或书籍，一直吸收本来就知道的内容，一直讨论本来就同意的事，等于一直活在同一个房间里，辜负了世上这许多与我们不同的人、不同的想法。

盆栽长到一个程度，就会被花盆困住，无法再长。土地里生长的植物，才可以真的长大，并把种子散布到远方。

我有时候想到孔子建议我们交的三种朋友，我就很佩服他的见解，他早就发现，我们只喜欢一听再听那些我们本来就同意的、了无新意的内容，所以他建议了"友直、友谅、友多闻"。

交朋友，交那些不怕跟我们唱反调的朋友，交那些能够理解各种立场的朋友，交那些见识广博、见解多元的朋友。

如同我那两位混血朋友的态度，生活当然要有容纳自身偏见的空间，看球赛时，可以尽情耽溺在自己的偏见里，反正倒霉的就是那位怎么做都挨骂的裁判。

可是，如果真有"做自己"的决心，请郑重地对待自己，给自己感受世界的机会与能力。毕竟"做自己"不是空喊就会开心的口号，而是走一步算一步的真实生活，所得的每一分，都是为自己得分，比坐在场外喝啤酒、吃比萨、骂球员、骂裁判，要艰难得多，当然也过瘾得多。

友直、友谅、友多闻，其实就是友这个广阔的世界。要用这个世界对我们的理性施肥，用这个世界来启发我们的内心，而不是委屈自己，盲从我们受过的有限教育。

你目前为自己设的目标、你宣称的梦想，真的是你要的生活吗？再推敲看看，再诚实一点、再勇敢一点。别为了别人灌输给你的妄念，而无辜地陷入"无法完成任务的空虚感"。

快被空虚感淹没的时候，拥抱一下这个丰满的世界，多推几扇窗，多向不同的窗外探看。

一直看同类的戏剧或书籍，一直吸收本来就知道的内容，一直讨论本来就同意的事，
等于一直活在同一个房间里，辜负了世上这许多与我们不同的人、不同的想法。

要用这个世界对我们的理性施肥，用这个世界来启发我们的内心，
而不是委屈自己，盲从我们受过的有限教育。

蔡康永的情商课

为你自己活一次

PART

5

让山是山，让我们是自己

没有人能追求"所有的幸福"。这种东西不存在。只有一种东西，是"'我'的幸福"。

28.
没有"完美的幸福"，
只有"我的幸福"

小时候，家中来往的客人中，有一位来自老派有钱人家的遗老。即使不是过年过节的平日，只要他来家做客，如果遇到家里帮忙的人，他一律每个打赏一个茶包，这是他日常的派头，所以他是我家很受欢迎的客人。

　　这位遗老有天来家中闲聊时，讲了一件他家的事，我当时大概十岁，听了很生气，也很害怕。

　　遗老说他的爸爸，是从少年时，被他的祖母一路喂鸦片烟长大的。我根本没想过，会有家长喂自己家的孩子吸鸦片，不但难以置信，而且觉得好黑暗。那时候当然只是小孩见识，想不明白。

　　遗老看我那么气，笑着告诉我原委。

　　遗老的爸爸，是他们家里那代的二少爷，上面有个哥哥是大少爷，这大少爷，也就是这位遗老的大伯父。这大少爷一心大展宏图，被身边狐朋狗友怂恿着到处投资，把家产花去几乎一半，血本无归。

大少爷的妈妈急坏了，禁止大少爷再动家里的钱，大少爷愤而离家。家里剩下二少爷，妈妈担心他又步上大少爷那样乱投资的路子，于是依照家族里老一辈人的指示，让这个二少爷从少年时就吸上了鸦片烟，借以把他留在家里，不会出门结交三教九流的朋友，也不会有什么雄心壮志。

虽然二少爷的人生就此在鸦片榻上度过，但这样总算保住了剩下的家产。二少爷也依照妈妈的安排，娶妻生了孩子，其中一个儿子，也就是讲故事给我听的这位遗老。要不是当初的鸦片手段，也许遗老就过不上现成的富贵日子了。

这么多年过去，我还是鲜明地记得当初听到这件事，愤怒到顾不得对长辈的礼貌，从位子上跳起来大喊："怎么可以这样？！怎么可以？！"

我大喊完之后，这位讲故事的长辈既不讶异，也丝毫没有被冒犯，只是平静微笑着说："是啊，就是这样。"

当时在场的我家这边的长辈，只有我舅舅，我就问我舅舅："真的有这种事？！"

舅舅也是回答："是啊。"我接受不了，立刻离开客厅，躲回房间去生闷气。

我不只生气，心里还有个不祥的预感，觉得头一次隐约嗅到了大人世界那种安之若素、满不在乎的黑暗。

我偶尔还是会想起这个故事，我在想这一家母子三人，唯一得偿所愿的，是母亲吧。她留住了钱，也顺便把二儿子留在了身边。对她来说，这想必是比任由家产被大儿子乱投资花光，要好多了。

大儿子与二儿子，应该都不能算幸福。但如果勉强一定要猜测哪位比较幸福的话，你觉得是哪位？或者说，如果你必须在这两人的人生当中选一个来过，你会选哪个？

你愿意过大少爷的人生，还是二少爷的人生？

如果以"做自己"为标准，我们应该会选大儿子，毕竟他拥有过一段痛快挥洒的时光。虽然后来他闯荡世界的本钱被妈妈收走，但他终究还有自己，也许他树立了一点江湖名声？交到了几个真心朋友？见识了一点世面与人心？

这些可不可能成为他日后成长的基础？他应该会有要向家人"证明自己"的动力，或者有"王子复仇"的心？

只要他有意志力，也懂得学习，似乎有可能成就一个跌倒又爬起的好故事。

至于被困在鸦片床上的二儿子，如果一直交不到朋友，见不到世

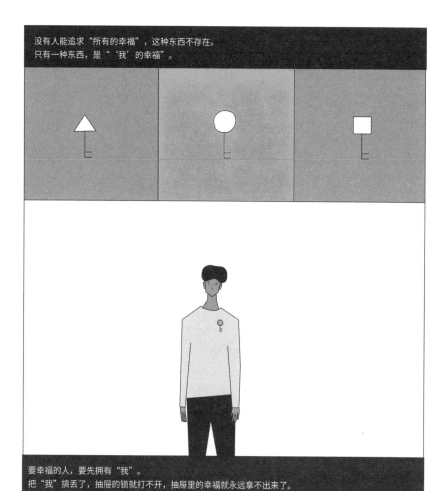

没有人能追求"所有的幸福"，这种东西不存在。
只有一种东西，是"'我'的幸福"。

要幸福的人，要先拥有"我"。
把"我"搞丢了，抽屉的锁就打不开，抽屉里的幸福就永远拿不出来了。

面，整天晕陶陶软绵绵的，一切由妈妈安排，似乎很难培养出意志力，也缺少向任何人证明自己的动力。但他算是平安也宽裕地度过了一生。

我后来再也没机会向那位遗老长辈请教，我完全不知道他家这二位少爷后来的完整人生故事。

有人羡慕安逸的、饭来张口的生活，那是二少爷的生活。也有人向往闯荡世界、一身伤疤的生活，那是大少爷的生活。

两种人生都说不上多幸福，一定要比较的话，似乎只留下一个标准：他们二位，谁比较有机会探索了"'我'是谁"，谁比较有机会去感受"什么样的生活是'我'要的生活"。

没有人能追求"所有的幸福"。

这种东西不存在。

只有一种东西，是"'我'的幸福"。

要幸福的人，要先拥有"我"。把"我"搞丢了，抽屉的锁就打不开，抽屉里的幸福就永远拿不出来了。

有的时候，所谓的社会，其实对我们没什么要求，但我们会自己给自己来个角色设定，向社会展示我们的存在。

29.
生命，要用在自己真正在乎的事上

我有位朋友，据他自己的说法，最近才刚开始感觉自己总算是个明星了。他自幼在山村长大。他喜欢告诉我他童年的趣事。有次我们一起吃蛋糕，他说：

　　"我们那里的小孩，只有停电时才点蜡烛，平常乱点蜡烛，会被妈妈骂浪费。后来有一个小孩从城里回来我们村子。他过生日那天，请我们去他家，他妈妈拿出来一个好大的蛋糕，然后在上面插了很多根点好的蜡烛，他吹蜡烛的时候，他妈妈带动我们一起拍手唱生日歌。那是我们这些村子里的小孩第一次看到点着的蜡烛插在蛋糕上，后来我们就都学会了这招。"

　　"妈妈不会骂你们浪费了啊？"

　　"会啊，我们都拿家里用剩的乱七八糟的蜡烛乱插，连吃西瓜也插，妈妈骂我们又浪费蜡烛、又浪费西瓜，哈哈哈。"

仪式这种东西，往往徒具形式，本来就要靠不那么死板的人乱搞一下，才会恢复一点生机。

"后来有一天，村长老爷爷死了，大家被叫去行礼，也不知道又是跟哪个城里人学的，桌上放了村长爷爷的照片，照片前面还摆了一大堆吃的喝的，还点了好大的蜡烛，结果我们这群小鬼，走进去一看到蜡烛，大家就赶快拍手唱歌：'祝你生日快乐，祝你生日快乐……'里面所有人都傻眼，哈哈哈哈。"

我想象那个画面，也跟着大笑。

《礼记》说过："里有殡，不巷歌。适墓不歌。哭日不歌。"说遇到丧葬时刻，都不该唱歌。但《庄子》里也描述庄子的太太死了，庄子蹲坐灵堂上，敲着瓦盆打拍子，大声唱歌。庄子告诉来吊唁的人，说他想过了，人有生有死，如同四季变换，他太太死了，回到了大自然，他这样想之后，就决定不哭而歌了。

我们表现出来的情绪，有时不是真的，只是礼俗的要求。

葬礼上，有些家属唯恐自己表现得不够哀痛感人，会请专业人士来表演声嘶力竭的孝子孝女哭墓。另外也有些地区，为了答谢前来吊唁的亲友，除了摆酒席，还会找专业人士来表演一些火辣的歌舞，以示诚意。反正不同背景的人，会有不同考虑。

情商，是在追求我们情绪的平衡。社交礼仪的要求，与我们真正的感受不一样的时候，在当中找到平衡，我们才会平静。

日本戏剧中，常常有角色是身着西装领带、毕恭毕敬的上班族，下班后一摊又一摊地喝酒，喝到在路边吐、在路边睡，令外人好奇到底何苦如此。压抑得太用力，又解放得太用力，只会恶性循环得更累。

很多时候，所谓的"社会"，是人自己想象出来的。而想象出来的东西，当然会比真实存在的更难满足，因为根本搞不清这东西是怎么回事。一旦有人把"社会的要求"压在"自己的需求"之上，就会累到怎么做都还是担心做得不够。会花钱请根本不认得的人来葬礼上号哭，当然是在乎所谓社会的目光，远超过在乎自己的真心感受啊。

也有的时候，所谓的社会，其实对我们没什么要求，但我们会自己给自己来个角色设定，向想象中的社会展示我们的存在。

仪式这种东西，往往徒具形式，本来就要靠不那么死板的人乱搞一下，才会恢复一点生机。

情商，是在追求我们情绪的平衡。社交礼仪的要求，与我们真正的感受不一样的时候，在当中找到平衡，我们才会平静。

我看《三国演义》，看到关羽中了毒箭，由名医来刮骨去毒的片段，说医生本来要给关羽准备固定手臂的柱子、套环，拿绳捆住手臂，以免关羽痛到挣扎，而且还要用布盖住关羽眼睛，以免他目睹血腥画面。结果关羽回答医生："吾岂比世间俗子、惧痛者耶？！"

于是，医生割开皮肉，用刀刮骨，"悉悉有声，帐上帐下见者，皆掩面失色"，只有关羽一边谈笑下棋、一边饮酒吃肉。这当然是惊人的人物设定，一般人就算只是被蚊子叮，好歹也要挥手赶蚊子，哪能这么悠哉。

我怀疑小说太夸张，就去找了正史《三国志》来比对，也照样是讲关羽"臂血流离，盈于盘器，而羽割炙引酒，言笑自若"。

且不说关羽对自己的人设要求是怎么来的，如果是今日在开刀时，有病患要求在手术房玩这一套，医生也会很困扰吧。

关羽是传奇人物，他对自己的人设，关键地决定了他人生的几个重要时刻。他超级地"做自己"，但这个"自己"由小说家塑造得格外有舞台感。

《三国演义》的第五回，关羽还只是一个马弓手，当时十八路诸侯联军讨伐董卓，遇上董卓手下的猛将华雄，华雄斩了联军好几个大将，联军无人可敌，结果马弓手关羽跳出来，要去对付华雄，联军的盟主觉得派一个不知名的马弓手出战，也太丢脸了，但参与联军的曹操，却出于欣赏，给关羽撑场面。曹操热了一壶酒，要送关羽上场去决斗。这时的关羽根本还没人认得，实在不可能有什么"社会对他的要求"，但关羽给自己的人设已经很明确了。关羽对曹操说，酒请先倒好，但不忙着喝，因为"某去便来"，说得像去上个厕所，而且只是上小号一样，去一下就马上回来。

决斗的场面，小说家没有描述，只说"喊声大举……众皆失惊"，然后"鸾铃响处，马到中军，云长提华雄之头，掷于地上。"

接下来，最厉害的四个字来了："其酒尚温。"

关羽初次登场的处女秀，除掉一个大家都头痛的强敌，花的时间短到只让一杯倒好的热酒变温而已，不超过五分钟吧。神奇之处在于：这是关羽自己为"我去一下，马上回来"所设好的计时马表，如果这杯酒事先就被喝掉，他耍帅的威力就会降低九成啊。

小说里的人物，风格越强烈，小说就越好看。用小说里的人，来对比活在现实中的自己，很有趣，像在色卡上，先看到最深的颜色，再看看自己是什么颜色。

小说里的关羽，显然有他的"自我期望"。他的"温酒斩华雄""刮骨疗伤"，都是根据这个自我期望而表现给别人、给社会看的。

关羽的自我期望是怎么来的？《三国演义》没讲，反正不讲也无碍于小说的精彩。

但我们的自我期望，是怎么来的？有道理吗？

如果被这个自我期望日夜折磨，折磨到吃不消，难道还硬要扭曲自己，去符合这个自我期望吗？不要吧。既不应该，也不必要，硬弄也弄不来啊，如果根本没弄清这样的自我期望是从哪里来的，那就打掉重练，修改这个自我期望吧。

很多自我期望的来源很荒谬，却控制我们很长的时间。

如果要给我刮骨疗伤，我绝对跪求八桶麻醉药，乖乖躺平，既不想听"悉悉有声"，也不想看"臂血流离"。我的勇气与意志力有限，每个人的勇气与意志力都有限，这有限的勇气与意志力很珍贵，要用在我们真正在乎的事上，而不是在众人面前耍帅，除非耍帅刚好是我们的至高追求。

　　小时候还在摸索一切，当然是穿爸爸妈妈买给我们的衣服、鞋子。长大以后，就可以自己选衣鞋，而不必再把自己塞进别人说好看的衣鞋里了。

只要你曾经玩过游戏，你就一定具备某种自欺与欺人的能力，
如果方向对了，你就一定也能掌握锻炼情商的能力。

30.
醒醒吧，
别再用阿 Q 精神胜利法逃避现实

"为什么那个人，老是扯我后腿呀？！"

"你说的是谁？"

"那个人啊！"

"谁？"

她没有继续往下说，因为说出来很奇怪，但似乎又是真的。

她说的那个人，正是她自己。

怎么会有人扯自己的后腿呀？！

因为有些事，我们不想面对。

网球巨星纳芙拉蒂洛娃，得过五十九个大满贯，有一次她说了个自己的故事，她曾经在某一系列比赛的一开始，就不断输给某位网球新秀，结果她在那系列的比赛中越打越收敛，故意不使出全力，因为她心想：一旦使尽全力还是输给新秀的话，她就会被迫要面对"自己实力已经不行了"的残酷结论。

我们三不五时都会这样，这在心理学上，叫"自我妨碍"。

考试前夕，隐约觉得今晚就算不睡觉，拼命念书，也是来不及的了，于是索性故作潇洒，约朋友去唱歌出游。这样第二天考坏了，可以说成是自己摆明了并不在意这场考试，考不好是自己的选择。非不能也，实不为也。

我主持过一些节目，讲读书的，收视率都很低，几乎是零。后来我就自我安慰说，看电视的人，跟看书的人，是两种人，别指望在电视上讲读书会有收视率了。

这根本是我在逃避责任。既然要做讲读书的节目，就应该想尽办法让别人愿意看我们介绍书。不管是用戏剧、用综艺，总是要竭尽所能。如果不肯竭尽所能，我就不会比任何人更有资格做读书方面的节目。

既然要打网球、要考试，要做读书的节目，却又自己伸出左脚去绊自己的右脚，故意把自己绊倒，我们是在自欺欺人。但其实欺不了人，我们在逃避什么，别人看得很清楚，我们只是自欺而已。

还有一种自欺，是故意设一个达不到的目标。

这在心理学上，叫"虚假期望"。

"等我赚到一亿，你就知道我有多厉害！"大概就是这一类的宣示。

"等我得了诺贝尔奖，我们就结婚！"听了是不是觉得对方毫无诚意？

这样的人是"台阶大王"，早早就给自己搭好了台阶，他们聪明，知道立志不能立太小，因为志愿太小，却还是达不成的话，自己的人设会崩塌。

对这种虚假期望，长辈或伴侣常常会吐槽：

"等我赚到一亿……"

"喊，你先赚到十万再说吧！"可能是老妈，或是夫人直接就拆穿。

"哼，我哪会在乎十万这样的小钱！"通常就这样不了了之。

一样的，别人都看清楚我们在干吗，但我们还是想自欺。能蒙混多久，就蒙混多久。

只要你曾经玩过游戏，你就一定具备某种自欺与欺人的能力。

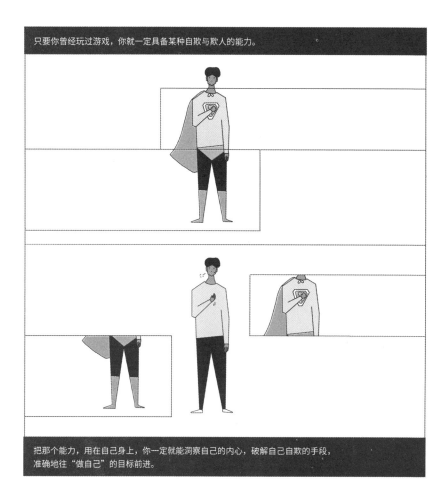

把那个能力，用在自己身上，你一定就能洞察自己的内心，破解自己自欺的手段，
准确地往"做自己"的目标前进。

"自我妨碍"与"虚假期望",都很耽误事,主要是耽误我们自己的人生进度。

但,其实擅长"自我妨碍"与"虚假期望"的人,都已经触及了情商的训练,只是方向偏了。

在作家鲁迅所创造的经典《阿Q正传》里,阿Q有几种自欺的精神胜利法,有时阿Q被别人欺负了,他就把对方想成是自己的儿子,然后在心里感叹世风日下:"我总算被儿子打了,现在的世界真不像样……"

阿Q的遭遇很悲惨,他的精神胜利法,完全没帮到他什么忙。

因为阿Q把他的情商潜力都往逃避的方向发展,都拿去建立"自我妨碍"与"虚假期望"了。

要不然,不论是阿Q,或其他擅长自欺的人,其实都已经具备了换位思考的基础能力。他们能轻易地把自己想成另一个人,只是他们误用了那个被想象出来的分身的功能。他们指望那个想象出来的分身,能代替自己活。

想象出来的分身,适合听我们倾诉,适合跟我们谈最深的秘密,分身也适合在最迫切时，在旁边观察我们、提醒我们，把我们带离当下的时空、去别处透透气。

但这个分身功能有限，分身最不能做的，就是替我们活。

阿 Q 精神胜利法、自我妨碍、虚假期望，那都是打算让想象出来的分身代替我们活，一旦拆穿，一无所有。

我们三不五时都会依靠这些手法，让自己喘口气，像这些球赛的名次呀、考试的成绩呀、节目的收视呀，都只是一时的事，过了那个阶段，逃避完成，应该就会清醒过来，并不严重。

也许清醒之后，反而更能体会，躲在这些自欺的手法中，一定更加做不了自己。

情商的训练，本来就包含着某种程度的"自欺"，与某种程度的"欺人"。这正是情绪最奇妙的地方。如果完全不能自欺，不能欺人，哪里还能有这么多在残酷人生中，上下腾挪、回旋闪避的空间？

跟生命一翻两瞪眼，那是河流中鲨与鱼的杀戮游戏，是树丛间蜘蛛与蝶的杀戮游戏，那不是我们人类的心灵游戏。

自欺与欺人，本来就是游戏能够成立的关键，各种运动游戏、棋类卡类牌类游戏、电动游戏，都必须凭空虚构规则，才玩得起来。

情商确实是心灵的游戏，只是这游戏不是为了娱乐，而是为了给我们强大的力量。德国作家席勒说过："当人游戏时，人才完整；当人完整时，他才游戏。"只要你曾经玩过游戏，你就一定具备某种自欺与欺人的能力，如果方向对了，你就一定也能掌握锻炼情商的能力。

想想看，你曾经在哪些游戏中，通达了规则，成功地欺敌？

把那个能力，用在自己身上，你一定就能洞察自己的内心，破解自己自欺的手段，转而把自欺与欺人的本事，发挥在情商这个心灵游戏上，带领自己趋吉避凶，直面根本，准确地往"做自己"的目标前进。

只有动物才依据本能生活，人类有这么多超过动物的心灵活动，当然必须依靠这么多本能以外的本事，来支撑这样的生活。动物是说不出"我"字的，所以，"'我'想要像动物那样生活"是办不到的，因为这句话本身就无法成立啊。

为什么别人的挫折，我们都这么认真地立刻指出原因，

而我们自己的挫折，我们就都这么睿智地归咎于命运？

31.
尽了人事之后，才听天命

"我最近又改名字了。"他说。

"你这样一直改名字，观众记不住吧。"我说。

"反正没改名，观众也是记不住。"他说。

我的朋友几乎算不上明星，但行事及信念倒是挺像明星的。他气定神闲地端上他为我煮的酒酿汤圆。令我想到有一次我的加拿大好友说想吃吃看我们过节时吃的吉祥食物，我就煮了芝麻汤圆给加拿大好友吃，他咬了一口，看见墨汁一般的黑馅，由汤圆的内部汩汩冒出，吓得放下汤匙逃离桌边。

啧，对黑暗料理也太大惊小怪。

"你怎么那么喜欢算命改名这些事？"我问。

"听听好玩嘛，也没花多少钱。"他说。

"你是意志坚强的人吗？"我问。

"呃？怎么问这个？"他想了一下。"我的意志力吗？普通吧……"

"算命，消耗的不是你的钱，是你的意志力。"

"怎么会？我又没有找人作法，或是养小鬼这些的。"他对我的说法嗤之以鼻。

有一个老派的说法，说"穷算命，富烧香"。大部分人对这句话的理解是：没钱的人，会不断地向命运探路，希望命运给条路走；而已经有钱的人，就拜托老天，保住这份好运。

但我觉得"穷算命"里的"穷"字，不是人常常去算命的原因，反过来，是人常常去算命，所带来的结果。

遇到挫折，出了问题，有各种原因可以找：自己的原因、别人的原因、整个局势的原因、运气的原因。

只要是人的原因，或局势的原因，都可以分析检讨，作为之后改变的依据，这就是学习。学习了，就会成长。

而运气的原因，无可分析检讨，也没什么可以学习改变的。涉及运气，如果要改变，那就只好去算命，试试"改运，改名"这些方法。很多人也只是姑且一试，没什么大不了的。

只是，一旦有了"姑且"的心，意志就会转弱；暂时把问题归给老天，自己肩上就轻了，可以姑且不伤脑筋了。但问题如果还是解决不了的话，重担就仍然要背回自己肩上，但这时的心情就不是"这本来就该自己解决"，而是怨叹"老天总是不帮我"。意志力这样空转一轮，消耗在神秘莫名的百慕大三角洲，白白浪费掉。

做表演工作，或是推出商品，在经历一段时间，收到一些反应之后，改一次名字，很合理。但如果是交给算命的人，照着笔画，一改再改，这当然表示当事人或公司，已经对这个人或这个产品，失去努力的兴趣或方向了。

命理也许有它的道理，但它的道理并不建立在学习与成长上。

尽了人事之后，才听天命，不是不尽人事，先听天命。

把问题推给超自然的力量，最神奇的故事之一，是一个很爱追男生的女生告诉我的。

这女生太会纠缠，被追的男生用尽各种借口要脱身，女生都不接受。最后这男生有一天郑重地邀了这女生到祖宗牌位前面谈话，女生以为男生终于就范，要禀告祖宗，迎接自己进家门了。结果这男生握住女生的手，真诚地说："我奶奶昨天晚上托梦给我，说我们两个不能在一起。"

命理也许有它的道理，但它的道理并不建立在学习与成长上。

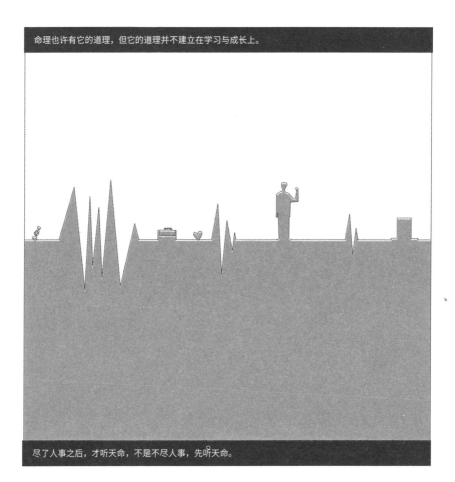

尽了人事之后，才听天命，不是不尽人事，先听天命。

人事已尽，只好听天命，这女生追到对方必须把过世的祖宗都搬出来抵挡，不愧是上穷碧落下黄泉的境界。

也许你不爱算命，可是不妨想一下，在生活当中，有多少不顺心的事一发生，我们的第一反应，一定是"真倒霉"的？

别人开车，发生了擦撞，我们会说这人开车不小心，但我们自己开车发生擦撞，我们第一反应一定是"真倒霉"。别人边看手机边走路踩到了狗屎，我们在一旁会想"谁叫你走路不看路"，但如果是我们自己看手机踩到狗屎，我们一定当下觉得"真倒霉"。我们打游戏时打败对方，那是我们英明神武技术高超，但轮到我们自己被打败时，那是我们倒霉。

倒霉是什么？倒霉就是把事情怪在运气头上啊。

名字笔画不对，天上某颗星球逆行，活动当天竟然会下大雨……这都是倒霉，很多人觉得这无非就是随口抱怨一下，不必认真。

那为什么别人的挫折，我们都这么认真地立刻指出原因，而我们自己的挫折，就都这么睿智地归咎于命运？

还是一样，偶尔练习把自己当别人看，会看见很多原本看不见的事吧。

如果你有兴趣练习，可以三不五时试着用"第三人称"描述自己的感觉或行为。

本来你会说："我饿到要发火了，这时候谁拿肉包子给我吃，我二话不说立刻以身相许！"

但如果用"第三人称"，你会说："她饿到要发火了，这时候谁拿肉包子给她吃，她二话不说立刻以身相许！"

听在耳中，是不是感觉很不同？

只要偶尔用"第三人称"描述自己，你的分身就出现了。分身会兴味盎然地看着你自己，会看见一些平常你看不见的自己。

想要"做自己"，最好能先"看见自己"。

当别人对我们释放情绪，而用了"你这种人怎么可能懂"或者"你就是猪"这种完全否定整个人的说法时，

我们要训练自己，把这样的完全否定切成小块，但不要吞下整块的完全否定。

32.
把他人的否定切成小块，

不要全盘接受

我有个朋友，是个明星，他跟我说他收到了一个很好的剧本，但他不敢接那个戏，可能会推掉。我问他为什么不接，他说因为那个角色要说很多英文。

"那就说英文啊。"我说。

"我的英文发音很糟糕。"他说。

"那就练习啊。"

"可是，我的舌头，不适合说英文。"他说。

"谁说的？"

"我中学的英文老师。"他说。

"老师说的？老师是怎么说的？"

"老师有次叫我念一篇英文文章，念了三句之后，老师就说完全听不懂，叫我坐下，换别的同学念。老师那次就说了我的舌头不能说英文。"

"红鲤鱼与绿鲤鱼与驴。"我说。

"啊?"

"照着讲一遍,红鲤鱼与绿鲤鱼与驴。"我说。

他照着讲了一遍,速度有点慢,但很清楚。

"你舌头好好的,没问题。"我说。

"真的吗? 那老师为什么会那样说?"

老师总是必须一个人对付很多学生,有时候还被迫要对一些根本不熟的学生,给出建议或评语。可以想象老师们难免要找些话来讲。所以大家从小都可能得到过老师的评语:"求学认真,唯性格稍嫌懦弱""开朗活泼,唯个性较为浮躁""乐于助人,但容易过度相信别人"之类的。

离开学校后,有的人一点也不会记得这些老师给过的评语,有的人却会记很久。记很久的人,可能信了这样的评语,而否定了自己某方面的能力。

我们有情绪要表达时,最好只针对某件事表达情绪,而不是对整个人宣判结论,不管是对别人或对自己,都试着这样做。如果今天上游泳课,没有学会换气,就说自己"今天没学会换气",而不是"我根本不会游泳"。同样，跟伴侣起争执时，试着说"我真的很气你忘记我的生日"，而不是说"你根本不在乎我"。（当然，如果你们是一对很爱演的情侣，讲话喜欢引用《还珠格格》的对白，讲完之后又把对方推到墙上去狂吻到墙壁快裂开，那算是一种生活风格，也就又另当别论。）

当别人对我们释放情绪，而用了"你这种人怎么可能懂"或者"你就是猪"这种完全否定整个人的说法时，我们要训练自己，把这样的完全否定切成小块。可以自责并反省自己为什么又约会迟到半小时或欠了别人钱忘记还，但不要吞下整块的完全否定。

倒不是担心你太脆弱，承受不了被骂是猪。而是一旦相信了这种完全否定式的指责，自己会失去改进的动力，顺理成章地接受了所谓的"宿命"。

就像我的明星朋友，竟然不打算练好英文，反而想直接推掉一个好剧本，连你都会为他可惜的。

别让爱你的人，为你可惜。

当别人对我们释放情绪，而用了"你这种人怎么可能懂"或者"你就是猪"这种完全否定整个人的说法时，我们要训练自己，把这样的完全否定切成小块。

可以自责并反省自己为什么又约会迟到半小时或欠了别人钱忘记还，但不要吞下整块的完全否定。

在幸福这件事上面，
才华平庸者、不爱运动
者、赚钱很少者、太瘦者
或太胖者，得到的机会竟
是一样的。
唯一要求的，是学习与练
习。学习面对自己的感觉，
练习面对自己的感觉。

33.
获得幸福的机会，人人平等

人是动物，但人又比动物多了不少事。

我们跟动物一样，需要呼吸及饮食，想要活着及繁殖。但我们需要及想要的东西，比动物多得多。

我们觉得自己需要尊严、名声、爱情、安定。我们想要地位、金钱、幸福、成功。

这些都是我们的欲望。欲望得到满足，我们就觉得过得很好。各种欲望不能满足，我们就觉得生不如死。

不过因为我们的欲望实在没完没了，我们很难有一刻会觉得万事如意、心满意足、不枉此生、夕死可矣的。我们一直要，要更多。

我问过不少赚大钱的生意人，他们要赚到多少钱才够。没有一位给过我明确的数字。他们都会讲一些拐弯抹角的话，比方说"希望能照顾更多人的生活""财富，只是把事情做好的副产品""为什么要限制自己的能力呢"之类的回答。

其中有一个回答，我相信是真的。那位大老板说："赚钱最爽的不是数字，而是感觉。那么好的感觉，为什么要停止？"

他的回答，说明了我们只要曾经有爽到过，就是会一直要，要更多。

这有什么问题吗？

有一点小问题：因为终究有一天，我们会要不到。

我们大部分的人，一辈子如果能有一个愿望得以实现，已经非常幸运了。比如，做一份自己有热情的工作，找到一个适合的伴侣，住在自己喜欢的地方，被认定曾经带给别人快乐。这些都是非常幸运的事。

我们大部分的人，并不会达成什么重大的成功。我们也许达成了一些目标，可以写在墓碑，或是社交网站的纪念版上，但不会被写成传记、也不会被记在课本里。

如果我们只想取得重大成功，对人生其他美妙之事都不愿一顾，那我们多半最后会失望。

那么，除了重大成功之外，我们对人生可以有何终极期待？

很多人会说："好的，我选幸福。"

是啊，幸福是一个选项。

我当然希望你成功又幸福，但如果老天爷斤斤计较，他口袋里能够给出去的成功或幸福，都是限量品，你就是只能选一个，你选哪一个？

成功，但不幸福；还是，幸福，但不成功？

我的朋友里面，两种人都有。甚至还有人是成功又幸福的。但那也只是到目前为止，因为成功与幸福的有效期限都很短，幸福可能下一秒就消失，成功可以比幸福拖久一点，但也是说消失就消失的东西。这并不是我在诅咒任何人，而是觉得大家对人生的本质明白一点，会更坚强吧。

以上面二选一的选择题来说，我相信选择幸福、比选择成功的人多得多。首先，具备成功条件的人，其实很少。脑子呀纪律呀能力呀机遇呀什么的，要求一大堆。其次，认定成功的标准也很麻烦，你自己觉得成功了，但在同一领域的人看起来，你并没有进入那个领域的前百分之十。你硬要说那是成功，当然也可以，但你心里总是偷偷地

我们觉得自己需要尊严、名声、爱情、安定。我们想要地位、金钱、幸福、成功。
我们一直要，要更多。

但幸福呢？幸福可省事了，幸福只需要"人和——与人和、与自己和。

冒汗又抱憾，知道自己"不够"成功；更有一种奇怪的现象，明明所有人都认定你成功了，但你心里不断提醒自己，你还没有成功，距离你想要的成功，还差得远呢。

反正，成功，要被人认定，也要被自己认定，这既没办法偷工减料，又需要天时地利。

但幸福呢？幸福可省事了，幸福只需要"人和"——与人和、与自己和。而且最奇妙的是，如果一个人能够"与自己和"，就能"与别人和"。

成功的标准，没办法由我自己说了算。但幸福的标准，我们可以自己说了算。说穿了，幸福只建立在一件事情上，就是我们的感觉。

这不是太好了吗？竟然有这么一样东西，足以支撑整个人生，却竟然只建立在我们自己的感觉上。

在幸福这件事上面，才华平庸者、不爱运动者、赚钱很少者、太瘦者或太胖者，得到的机会竟是一样的。唯一要求的，是学习与练习。学习面对自己的感觉，练习面对自己的感觉。

作为一个人，感觉本来就是我们想丢都丢不开的一部分。而且如果我嘴硬的话，感觉比肉身还持久。

肉身就算停摆了，还会有一个东西从肉身上冉冉飘起，飞向云端……

"等一等，你讲的这个会冉冉飘起的东西，是假的吧？"你说。

"但电影都这样演呀。"

"就算电影有演，那个东西也不叫作感觉，而是叫作灵魂吧？"你说。

"灵魂不就是感觉吗？不然灵魂是什么？"

"真的有灵魂这种东西吗？"你说。

"如果没有这种东西，那你怎么那么怕遇到鬼？没有灵魂，哪来的鬼？"

"你现在是说，如果我怕鬼，我就必须相信有灵魂？"

"我只是说，灵魂并不神秘，灵魂也不像鬼那么缥缈，灵魂就是每一秒都如此真实的感觉。而只要你搞定了感觉，你就得到幸福了，超级方便的，比搞定鬼要容易太多了！"

把戏剧人物当作反面教材、抬杠的对象，
剧中人物只要呐喊出一句过度夸张情绪的话，
你就立刻跟他抬杠："我才不会这样想。"

34.
追剧，竟然可以同时训练情商

所有好看的戏剧，剧中的人物情商都很低。

如果他们情商高，那个戏一定难看死了。戏剧人物就是要情绪大起大落，折磨自己、折磨别人，戏才会好看。

但戏剧人物充其量也只要出现几小时，就算六十集连续剧每集出现，也就是不到六十小时的人生而已，当然吃得消大起大落、大悲大喜，但我们可不一样，我们是要活一辈子的，如果有人因为喜欢明星，喜欢这些戏剧故事，而把戏剧人物的言行，当成了生活的参考范本，可就是灾难了。

戏剧人物追求的不是情商，而是活得生猛激烈。那我们训练情商，追求的是什么？

不是追求冷漠，而是追求冷静；不是追求无情绪，而是追求恰如其分的情绪；不是扭曲自己去讨人喜欢，而是因为做自己做得很自在，令身边的人也放松了，而讨人喜欢。

平日随处可见的戏剧，是有不少言行，值得当成生活范本，例如英雄的勇气、好人坚持的价值、幽默机智的对白、浪漫的恋爱、任性的旅行……一大堆。但请还是要知道，戏剧人物的情商都很低。

唐僧本来想必情商是高的，但一旦被塑造成戏剧人物，就要降低他的情商。这是戏剧的本质。以戏剧的起源来说，希腊悲剧就是为了呈现命运的残酷，希腊喜剧就是为了呈现人性的荒谬，都必须以夸张狂暴的手法，才足以凸显这些信息，并吸引观众。这个原则，没办法改变，到今天戏剧故事还是必须这样编，戏剧人物还是必须这样表现。

所以中外戏剧里会充满了这样低情商的对白："你是我生的，你就得听我的！""没有你，人生还有什么值得活的？""你这是逼我翻脸吗？""你这个废物，没救了！"……都是足以令心理咨询师集体大头疼的言行与心态。

常看这些戏，多少会被剧中人物的言行打动，就算不表现出来，心里也忍不住受影响。

如果发现自己有这样的倾向，以后干脆就顺便以这些人物为反面教材，当他们是抬杠的对象，剧中人物只要呐喊出一句过度夸张情绪的话，你就立刻跟他抬杠："我才不会这样想。"

戏剧的世界，是唯恐天下不乱的世界。天下不乱，没戏可看。但你不会希望你的真实生活像戏剧那样，每分钟天下大乱的。

重要的是，知道我们想学的是什么。只要知道了想学什么，生活中可供学习的教材俯拾皆是。有些是正面教材，有些是反面教材，但都是教材。

"幸福，取决于你如何投入你的注意力。"行为经济学家多兰（Paul Dolan）说。

有些学习一点也不娱乐，但也有些学习，可以在娱乐时进行，在追剧之时辨认情绪，增进情商，这是我心目中的"寓教于乐"。

你不会希望你的真实生活像戏剧那样，每分钟天下大乱的。

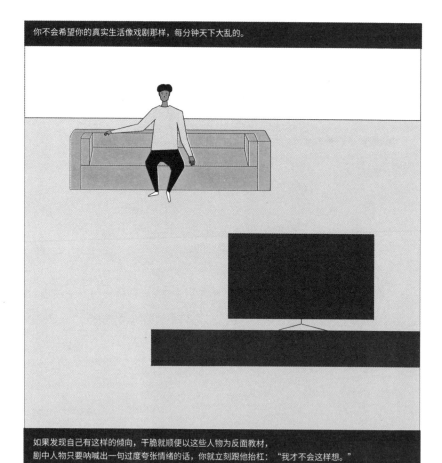

如果发现自己有这样的倾向，干脆就顺便以这些人物为反面教材，
剧中人物只要呐喊出一句过度夸张情绪的话，你就立刻跟他抬杠："我才不会这样想。"

我们并不恐惧"未知"，只是对"未知"感到不安而已。

而这份不安当中，有强烈的向往：探索未知的自己，而不是固守幻想中所谓原本的自己。

35.
"你变了"？恭喜恭喜！

"我朋友说我变了。"他说。

他很消沉地看着桌上的那碗黄鱼煨面。煨面微微冒烟，很应景他的消沉帅脸。

"嗯，那恭喜你啊。"我说，开始吃我的煨面。朋友的消沉，与吃煨面的胃口，不必互相影响。

"恭喜我?！你的中文行不行啊? 如果他说'你改变了'，表示我改好了，这才是称赞，这才值得恭喜。他说的是'我变了'，这不是好的意思。"

"是哦，那他觉得你是怎样地变了呢?"我问。

"他说，我根本就不是原来的我了……"

"嗯……'原来的你'……"我吃着面，"请问，什么时候的你，才是'原来的你'啊? 七岁的你? 十七岁的你? 还是二十七岁的你? 还是，你那个朋友认识你那一天的你?"

他愣住了，久久没有回答我。

这个消沉的人，是我朋友。他是个明星，出道多年，得到粉丝称赞他一直没变，现在只是某个朋友说他变了，竟然可以消沉到坐视煨面的汤渐渐被面条吸干，徒然地讲一些似通不通的话。

我仔细地用汤匙舀好汤，再把少少的面条，放进这匙汤里。

吃煨面的每一匙，都应该被妥善布置成一碗整齐的小汤面，自成一个小天地。

什么叫"你变了"？"不变"是值得高兴的事吗？

什么叫"原来的你"？在子宫里的你？还是刚上学的你？

别人含混地表达，我们就含混地收下，含混地产生情绪，含混地自责，却不追究到底自己有什么可责备的。

对自己真是够随便的。

如果不知道馒头是怎么回事，怎么做得成馒头？如果不知道自己是怎么回事，怎么做得成自己？

我其实常听到这句话："如果这样，就不再是原来的我了！"

"我还是比较喜欢原来的我。"我听了都会纳闷这个"原来"是怎么定义的。

你说过类似的句子吗?

连今天的我跟昨天的我都不同,怎么会有"原来的我"?

只有一个角度比较合理:这个所谓"原来的我",也是每秒都在变化,并没有一个固定的意思。

它应该是指一个状态:在曾经活过的各种我当中,活得最自在的那个我。

曾经活过的我当中,活得最自在的那个我……听起来是很不错,但也不必一辈子抓着不放吧。

家里坐起来最舒服的那把椅子,未必是世上最适合你的椅子,总得多出去坐几把没坐过的椅子,才知道。

说穿了,"原来的我",就是一个已经知道活起来是什么滋味的、已知的我。

把这样一个我,裱上金框,题匾曰"原来的我",供在堂上,这不等于是故意要把一条河流拦成一洼死水吗?

什么叫"你变了"？ "不变"是值得高兴的事吗？

什么叫"原来的你"？ 在子宫里的你？还是刚上学的你？

是的，人都不喜欢"未知"。原始人好不容易摸熟了一条安全的路，突然要试条新路，必须进入一个深不可测的森林，当然会惴惴不安。

所以会希望大家都别改变，自己也别变，世界也别变，一切如往常就好。

可惜世界每秒都在改变，我们没办法自己一个人不变。地形改变，气候改变，身在其中的我们，也一定改变。

对于"未知"会感到不安，我们就去弄清楚不安的起源，但不必夸张地把这份不安，说成是"恐惧"。

情商追求恰如其分。把"恐惧"调整为应有的份额，如果能把庞大的恐惧，缩小为可掌握的"不安"，就比较不会错过其中那份对未知的向往。

我们并不恐惧"未知"，我们只是对"未知"感到不安而已。而这份不安当中，有强烈的向往：探索未知的自己，而不是固守幻想中所谓原本的自己。"生活"，是"生长"与"活动"，不是把自己裹成木乃伊，二十四小时挺尸啊。

自己身上可以改变的东西太多了：性格、心情、态度、观念，都可以改变，可以变得更明白、更舒缓、更恰如其分。

36.
别学愚公移山，只要移动念头即可

听说很久以前，有一位九十几岁的爷爷，名叫"愚公"。他家门前被大山挡住了，出入很不方便，所以愚公就拿了铲子锄头什么的，要把大山铲平、移开。

这个故事很神秘。愚公已经九十几岁了，难道他是某天一觉醒来，忽然发现门前有山，于是火冒三丈，决定跟山拼了？还是愚公在二三十岁刚成家的时候，因为特别爱山，就精心挑选了风水宝地，依山盖房，且追求"开门见山"的境界，精心规划，把房屋大门，特地开向会被山堵住的方位？

不管是上述哪种情况，我都愿意相信这是真的故事。世上曾经活过这么多人，其中有这么一号人物，为自己选择的人生方向，就是要用一辈子，跟山闹别扭，这我完全能够理解。

世上多的是一辈子跟自己闹别扭的人啊，出现了一位愚公，决定一辈子跟山闹别扭，有什么不可思议的？

只要愚公不是我爷爷，不逼着我陪他拿铲子去移山，而他挖山的行为，也不违法或损及别人，那么他爱怎么过日子，是他的事。

如果你希望他是你爷爷，你很想跟他一起拿铲子移山，那这本书不是为你写的，建议你到土木工程或机械设计的类别去选书。

我很确定，我不是愚公的信徒。他如果开公司，我不会买他公司的股票。

但我也没什么资格批评他，因为在某个阶段，我也曾经是愚公，只是以前我没察觉。

我跟你一样，很早就发现，生活充满挫折。想要的东西，常常要不到；想做的事情，总是做不成。

那时候的我，觉得生活很混蛋，就想改变生活；觉得世界很混蛋，就想改变世界。改变不成，就更挫折，对生活与世界更失望。

我当然可以想要改变生活、改变世界，但我忽略了一件简单的事：生活跟世界，都不是我一个人的。我照我的意思用力改变生活跟世界的时候，别人也正在照他们的意思，用力改变生活跟世界。

可想而知，我也改，他们也改，改出来的样子，当然不会如意。不如他们的意，也不如我的意。

越改，越感到挫折。于是我开始想，一定有什么东西，是一旦我改好了，我就可以确实地感到如意；就算不幸改坏了，我也能慢慢去体会是哪里改坏，可以再想办法一步一步改好一点。

我想到的唯一东西，不是改生活、不是改世界，当然也不是改家庭、改学校，或者改制度、改行业。我想到的唯一东西，是改自己。

我就是在那时察觉自己正是一个跟山闹别扭的、拼命要移山的愚公，我露出了苦笑。

愚公受不了大山挡在他家门口，他决定要一铲一铲去移山，而不是移动他自己。

他九十多岁了，觉得有生之年大概是移不走山了，还打算交棒给儿孙，说世世代代的儿孙，可以接棒继续去移山。他旁边每个明眼人都会纳闷，你搬家不就得了？就算不肯搬家，把大门改个方位不就得了？为什么硬要把人生耗在对你毫无感觉的一座大山上面？

愚公如果肯把眼睛由大山上面移开，他会发现天地宽广，空气清新，自己有无数地方可以移动。

一样，在想要改变生活、改变世界之前，我发现可以先改变自

在想要改变生活、改变世界之前，我发现可以先改变自己。

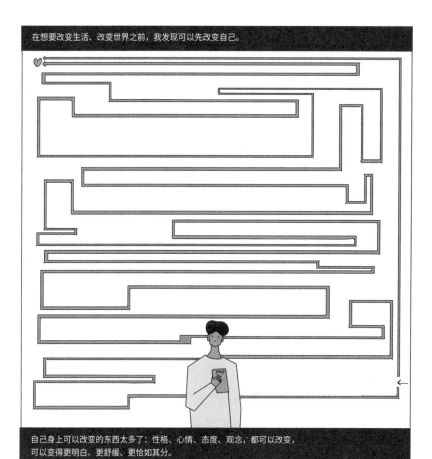

自己身上可以改变的东西太多了：性格、心情、态度、观念，都可以改变，可以变得更明白、更舒缓、更恰如其分。

己，一瞬间我也觉得天地宽广、空气清新。

自己身上可以改变的东西太多了：性格、心情、态度、观念，都可以改变，可以变得更明白、更舒缓、更恰如其分。

我没有英明到大刀阔斧，我只会摸索着，小步小步地改，只要越改越有感觉，那就表示方向对了。至于你要称呼它是情商，或是其他早于情商一词的古老称呼，都无所谓。搞懂这番道理的人很多，其中很多是古人，根本没听过情商一词，大家只是为自己找一条值得走的路而已。

一旦越走越有感觉，就会有力气继续走下去，而只要有路能走下去，那些本来觉得改变不了的生活、改变不了的世界，一定都会多多少少地跟着改变。你找到了新的路，路边的风景当然就会不同，路上遇到的人也会不同，别人看你的眼光也会不同，因为别人会感觉到：你不一样了，你不再人云亦云，不再把糊涂当豁达，不再轻易否定自己或别人……你在世上会找到新的位置。

愚公当时如果愿意移动自己，甚至只要移动念头，大山在他的眼中，立刻会不再是障碍，而会变成值得探索的世界、值得玩味的风景。

这本书，就是想讲这件事。

让山是山，让我们是自己。不是别人塑造的我们，而是我们塑造的自己。

从我们的心开始，因为那最值得。

Thanks
康永的致谢

蔡康永的情商课

为你自己活一次

这本书会诞生，我要谢谢创办米未公司的马东，以及米未公司的团队，尤其是黄执中、马薇薇、周玄毅、胡渐彪、邱晨、王菊、肖扬、旷达以及胡慎之老师和丛非从老师。

他们督促着我，整理出我对情商的信念与想法，如果不是这个机缘，我根本没有想过要写这方面的书。

另外，我要谢谢我工作上的重要伙伴陈冠宇。他深谙一动不如一静的诀窍，大大降低了我的盲动乱动，也让我体会到平静的力量。

最后，我要提到左治，他使我认真地看待心理学，不再漠视其中蕴含的心力与知识。

图书在版编目（CIP）数据

蔡康永的情商课：为你自己活一次 / 蔡康永著 . —
长沙：湖南文艺出版社，2018.11
ISBN 978-7-5404-8155-1

Ⅰ . ①蔡… Ⅱ . ①蔡… Ⅲ . ①情商—通俗读物 Ⅳ .
① B842.6-49

中国版本图书馆 CIP 数据核字（2018）第 215264 号

上架建议：成功·励志

CAI KANGYONG DE QINGSHANGKE:WEI NI ZIJI HUO YICI

蔡康永的情商课：为你自己活一次

著　　者：蔡康永
出 版 人：曾赛丰
责任编辑：薛　健　刘诗哲
监　　制：蔡明菲　邢越超
特约策划：董晓磊
特约编辑：尚佳杰
营销支持：杜　莎　张锦涵
版式设计：李　洁
内文插画：天才朱青大人
封面摄影：老　赵
封面插画：大大黑
封面设计：好谢翔设计工作室
内文排版：百朗文化
出版发行：湖南文艺出版社
　　　　　　（长沙市雨花区东二环一段 508 号　邮编：410014）
网　　址：www.hnwy.net
印　　刷：三河市中晟雅豪印务有限公司
经　　销：新华书店
开　　本：880mm×1270mm　1/32
字　　数：164 千字
印　　张：9
版　　次：2018 年 11 月第 1 版
印　　次：2018 年 11 月第 1 次印刷
书　　号：ISBN 978-7-5404-8155-1
定　　价：42.00 元

若有质量问题，请致电质量监督电话：010-59096394
团购电话：010-59320018